Karl Wölfle
Hamburger Geschichtsatlas
Heimatkundliche Karten und Bilder

SEVERUS

Karl Wölfle
Hamburger Geschichtsatlas
Heimatkundliche Karten und Bilder

SEVERUS

Wölfle, Karl: Hamburger Geschichtsatlas. Heimatliche Karten und Bilder
Hamburg, SEVERUS Verlag 2014

ISBN: 978-3-95801-040-6
Druck: SEVERUS Verlag, Hamburg, 2014

Der SEVERUS Verlag ist ein Imprint der Diplomica Verlag GmbH.

Bibliografische Information der Deutschen Nationalbibliothek:
Die Deutsche Nationalbibliothek verzeichnet diese Publikation in der Deutschen Nationalbibliografie; detaillierte bibliografische Daten sind im Internet über http://dnb.d-nb.de abrufbar.

© SEVERUS Verlag
http://www.severus-verlag.de, Hamburg 2014
Printed in Germany
Alle Rechte vorbehalten.

Der SEVERUS Verlag übernimmt keine juristische Verantwortung oder irgendeine Haftung für evtl. fehlerhafte Angaben und deren Folgen.

VORWORT

Heimatkunde, eine vorwaltende „Forderung des Tages" an die Geschichte! An wegbereitenden Schriften ist kein Mangel, auch nicht an Geschichten- und Bilderbüchern dieser Richtung. Nur das Anschauungsbuch (Lehrbuch) fehlte noch, das dieses Gebiet planmäßig in einem Beispiel darstellt. Gerade in Hamburg liegt viel Stoff für solch ein Werk zutage, in der Herzstadt Niedersachsens, die in tausendjährigem Schicksalsgang alle Höhen und Tiefen deutschen Lebens durchmessen hat. Aus dieser Erkenntnis heraus entstand der Atlas zur hamburgischen Geschichte - als der erste deutsche Städteatlas auf breiter landschaftlicher Grundlage; denn er ist ganz darauf angelegt, mit der Geschichte der Stadt und der „Stadtlandschaft" auch die Landschaftsstadt zu zeigen, d.h. die Siedlung und ihren Lebensraum als natürliche Einheit. Um dies zu veranschaulichen, war eine große Mannigfaltigkeit der Mittel erforderlich: erdkundliche Skizzen, Stadtpläne, „Prospekte" und Rundbilder neben geschichtlichen Karten und Diagrammen (für staatliche, gewerbliche, wirtschaftliche Züge); Wiedergaben von Urkunden, zeitgenössischen Bildnissen, Sitten- und Ortsschilderungen im Verein mit Bildern von Bauten, Kunstwerken und Anlagen jeder Art. Auf der anderen Seite war größte Beschränkung nötig; denn das Buch ist zunächst der Schule gewidmet und so dem Gebot der Sparsamkeit unterworfen. Auch will es, dem verwirrenden Allerlei der „Illustrationen" abhold, den Blick auf das Typische lenken und durch Weglassen des Nebensächlichen das Wesentliche gestalten: den Heimatatlas als Strukturbild.

Der höchste Zweck des Buches aber ist, das große deutsche Leben im Spiegel des heimischen Sonderlebens zu deuten. Und auch dieser Standpunkt nötigte zu bestimmter Auswahl. Was immerhin noch fehlen mag in diesem Rahmen, wird in den erläuternden Begleitworten wenigstens anklingen, und vollends wird es durch die Beziehungsfülle aufgewogen, die den Karten und namentlich den Bildern innewohnt: Sie wollen nicht nur für sich, sondern immer auch für größere Zusammenhänge zeugen, die der Betrachter in eigener Weiterarbeit suchen soll. So betrachtet, kann das Buch ein lebendiger Anregungsquell werden und zu einer vertieften Betrachtung des Stadtbildes und unserer Museen führen, insbesondere des Museums für hamburgische Geschichte.

Der Stoff ist nicht nach äußerlichen Zeitmarken, sondern in neuer Weise nach den Zuständen geordnet, die als das Entscheidende jedes Zeitraums heraustreten. Auf diese Weise ergaben sich zehn Folgen, gleichsam säkulare Jahresringe, die konzentrisch um das Mark „Hamburg" wachsen und annähernd gleiche Bestandteile (landschaftliche, staatliche, künstlerische, volkskundliche Elemente) enthalten. Doch kann man auch den einen oder anderen Zug herausgreifen und gesondert durch die Zeiten verfolgen, etwa das Werden des Stadtbildes und des Hafens oder die Linie der baulichen Entwicklung oder den Ausbau unseres Weltverkehrs. Durch Herausheben der geistigen Bewegungen endlich lässt sich die Erkenntnis gewinnen - wohl der schönste Ertrag aus den Gedankengängen dieses Buches: der niederdeutsche Geist der Handelsstadt zeigte sich selbst in Kunst und Dichtung und in der Gesellschaftspflege zu den höchsten Leistungen fähig. Das Hamburg des 18. Jahrhunderts - ein Vorort des geistigen Deutschlands! Die Karten sind größtenteils erstmalige Versuche, Forschungsergebnisse und Auszüge aus Urkunden und Schriftquellen zeichnerisch zu gestalten. Die Abbildungen stammen vielfach von Gemälden und Stichen, die selten oder noch niemals wiedergegeben wurden. Damit ist dem kleinen Werke der Reiz einer Neuheit, einer neuen „Hamburgensie", mitgegeben, der ihm gewiß auch den Beifall aller Hamburgfreunde eintragen und den Wert eines Hausbuches sichern wird.

Zum Schluss sei den vielen Förderern dieser Arbeit der verbindliche Dank gesagt, vor allem den folgenden hiesigen Staatsinstituten und ihren Leitern: dem Museum für hamburgische Geschichte, dem Museum für Kunst und Gewerbe, dem Museum für Völkerkunde, dem Denkmalarchiv der Denkmalschutzbehörde, dem Staatsarchiv, der Staats- und Universitätsbibliothek und der Kunsthalle. Den Herren Professoren Dr. Nirrnheim, Dr. Stettiner und Dr. Wahl, sowie Herrn Oberbaudirektor Prof. Schumacher, Herrn Dr. Schwantes und insbesondere Herrn Prof. Dr. Lauffer gebührt für ihre wertvollen Ratschläge und Anregungen ganz besonderer Dank; auch Frl. Marquardt (vom Museum für hamburgische Geschichte) und Herrn Bibliothekar Heitmann (vom Staatsarchiv) für ihre sehr gefällige Mithilfe bei der Bilderauswahl. Desgleichen sei allen denen, die sonst noch durch schätzenswerte Winke bzw. durch Überlassung von Bilderun zur Abrundung des Werkes beigetragen haben, in diesem Zusammenhang verbindlich gedankt.

Endlich sei auch der hingebenden Mitarbeit des Verlegers, Herrn R. Friederichsen, und seiner Bemühungen um die gediegene Ausstattung des Buches mit aufrichtigem Dank gedacht.

Hamburg, im März 1926.

K. WÖLFLE.

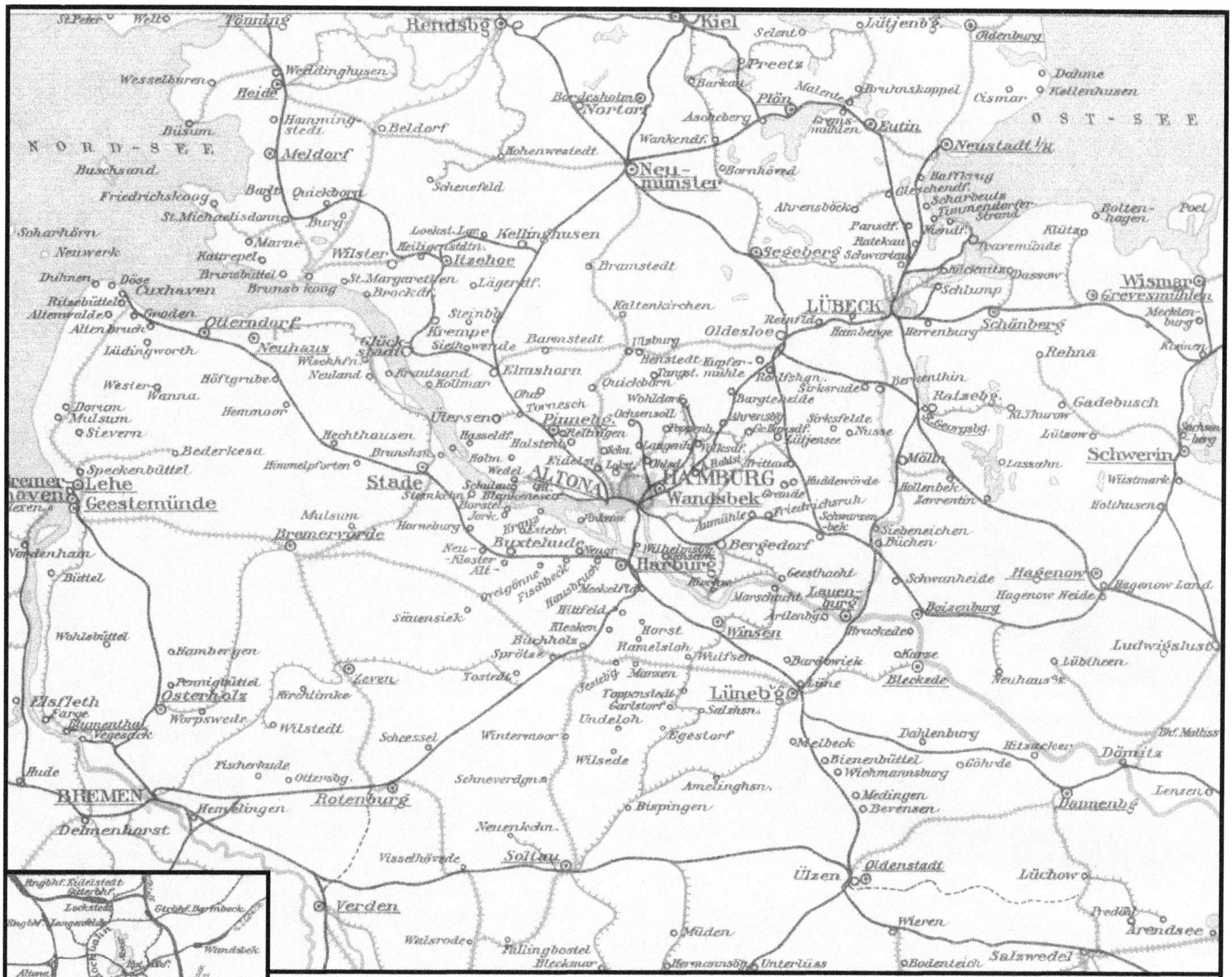

—— Vollbahn; ‒‒‒‒ Nebenbahn; ······· Kleinbahn; ------ Bahnen im Bau.
Die unterstrichenen Orte sind Kreis- bzw. Landeshauptstädte.

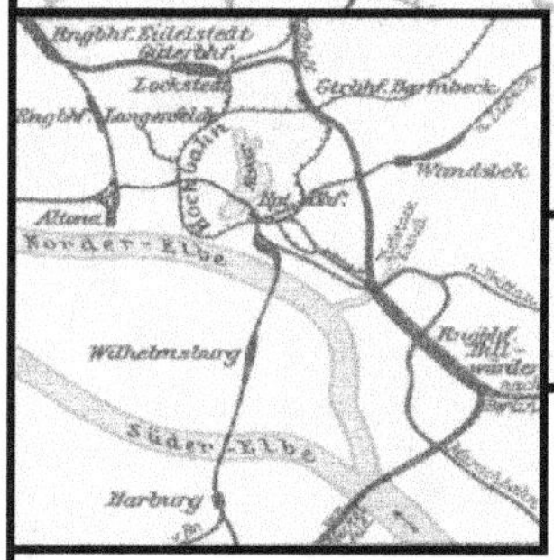

A. Hamburg als Bahnknotenpunkt

Eingebettet in drei Verkehrskreise: in den städtischen (Alsterring, Hochbahn) - in den näheren Umkreis (s. die Knotenpunkte Lüneburg, Büchen, Oldesloe, Elsmhorn, Stade und Buchholz) - und in den weiteren Umkreis (s. die Knotenpunkte Schwerin [Mecklenburg], Lübeck [Ostsee], Neumünster [Holstein], Itzehoe [Dithmarschen] Cuxhaven [Nordsee], Soltau und Ülzen [Hannover], Ludwigslust [Berlin]).

Die Güterumgehungsbahn (im Bau).

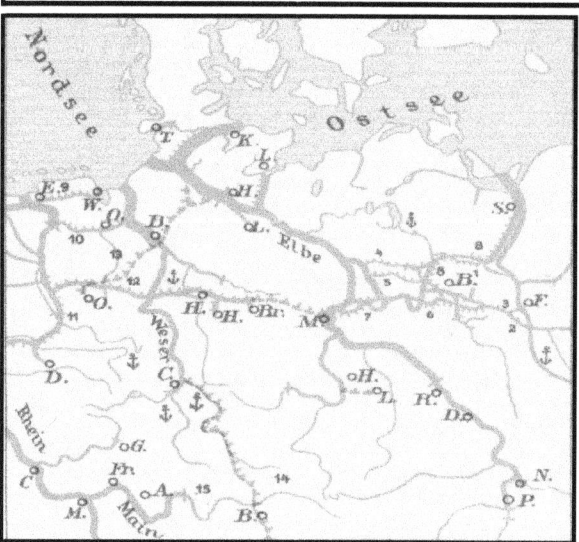

B. Hamburg als Umschlagplatz
(nach Seydlitz, Handbuch I. Teil)

C. Hamburg im Umkreis der niedersächsischen Mundarten
(Nach O. Bremer in Brockhaus, Konversationslexikon, 14. Aufl.)

Zu B:				
1. Finow-Kanal	5. Havelländischer Kanal	9. Ems-Jade-Kanal	13. Hansa-Kanal	Schiffe über 3000 t Tragkraft
2. Oder-Spree-Kanal	6. Teltow-Kanal	10. Hunte-Ems-Kanal	14. Weser-Main-Kanal	„ v. 1200–3000 t „
3. Friedrich-Wilhelm-Kanal	7. Plauer Kanal	11. Dortmund-Ems-Kanal	15. Main-Donau-Kanal	„ v. 600–1200 t „
4. Ruppin-Rhin-Kanal	8. Großschiffahrtsweg	12. Mittelland-Kanal	Kanäle im Bau oder proj.	„ v. 170–600 t „

I. Landschaft und Ursprung

1. „Urlandschaft"
Die von der Menschengeschichte noch unberührte „Urlandschaft" nach freier künstlerischer Vorstellung.

Bei dieser wie bei vielen anderen Abbildungen (vgl. die Nummern 16, 20, 21, 28, 39, 40, 49, 55, 59) handelt es sich nicht um wahrheitsgetreue Aufzeichnungen geschichtlicher Tatsachen oder Zustände, sondern um einen Ersatz dafür: Wo Wirklichkeitsschilderungen fehlen, soll uns der Künstler helfen mit seiner Vorstellungskraft. In gewissem Sinne sind alle Abbildungen, die von Künstlern stammen - auch die sogen. „zeitgenössischen"; vgl. Nr. 89, 92, 95, 97, 98, 128 - solche Phantasieschöpfungen mit einem höheren Wert als dem der bloßen Aufzeichnung; denn der Künstler legt immer etwas von seiner Seele ins Bild und verleiht ihm so einen Stimmungsgehalt, der besser in eine ferne Zeit einführt, als es ein Bericht oder eine photographisch getreue Darstellung vermöchte. Zu jedem solchen Bild lassen sich Gegenstücke finden. Sie mögen ausgesucht und zur Ergänzung, zum Vergleich herangezogen werden. Unsere Bilder in ihrer spärlichen und notgedrungen willkürlichen Auswahl wollen nur Anregungen geben. Ihr Bereich ließe sich schier unendlich erweitern.

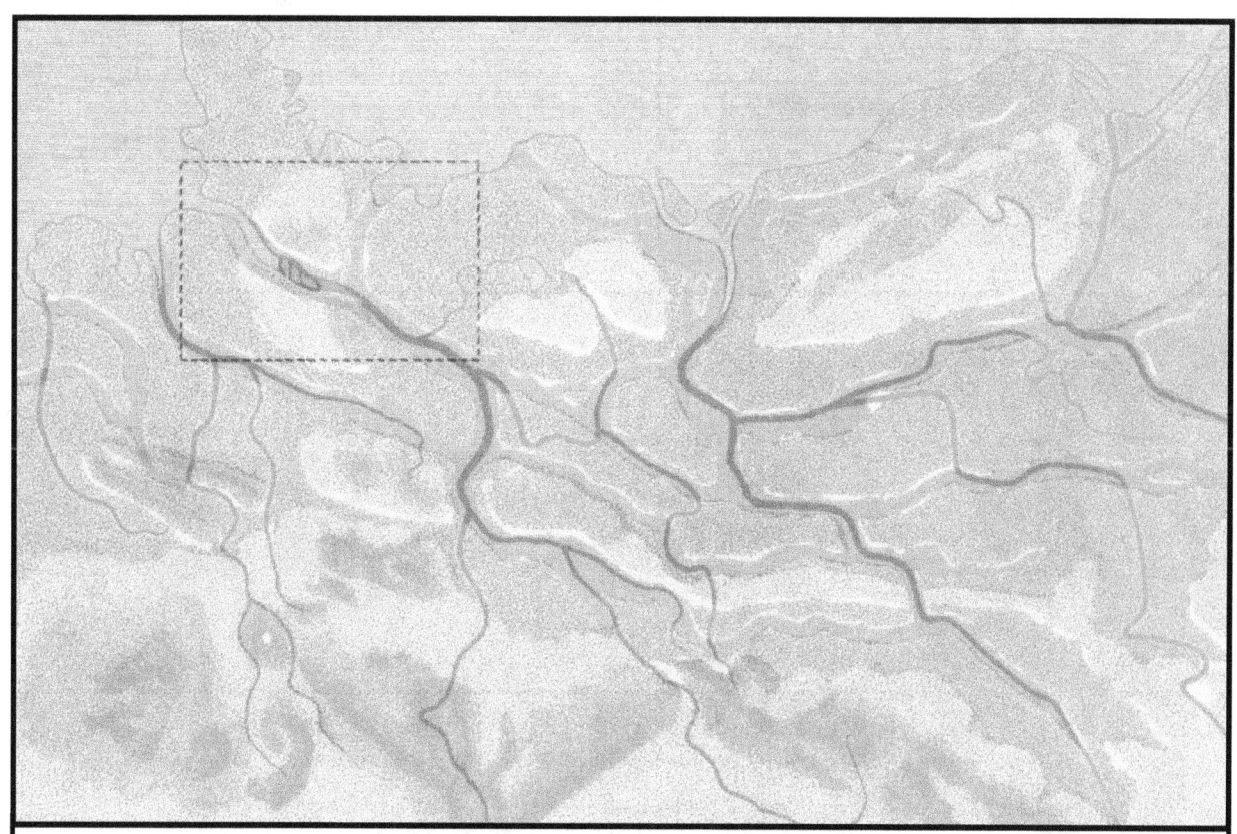

2. Das Netz der Urstromtäler
Die erdkundliche Grundbedingung für Hamburgs Entwicklung: Die Lage der Gründungsstelle am Mündungstor der gesammelten Urströme (Bedeutung für den späteren Verkehr).

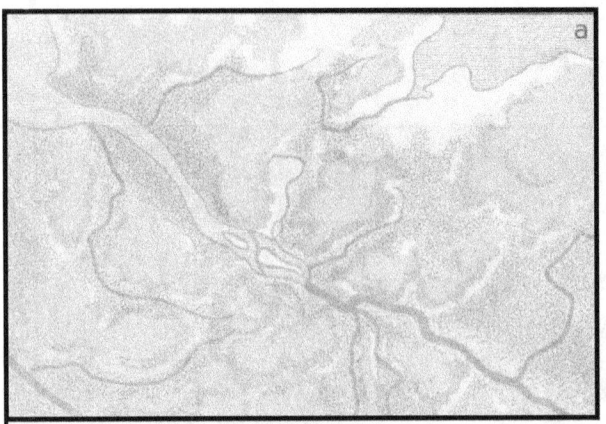
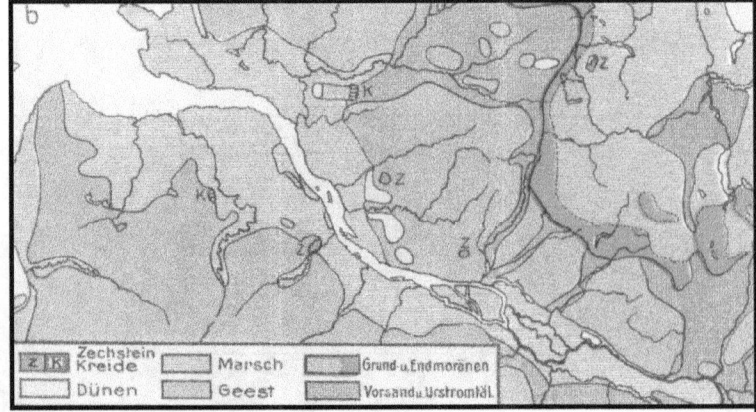

3. Die Urstrom-Enge als der „Günstige Punkt"

a) Höhenbild
Die Gründungsgegend in mehrfacher Vergrößerung: flaschenhalsähnliche Verengung durch andrängenden Höhen (stauende, sammelnde Wirkung).

b) Bodenbild
Man sieht zwei Naturstraßen auf den Gründungsort zusammenstreben, der so auch zum Zielpunkt des Verkehrs aus dem N. wird. Die Arten des Bodens, ihre Verteilung und ihre Bedeutung für die kommende Stadt treten hervor.

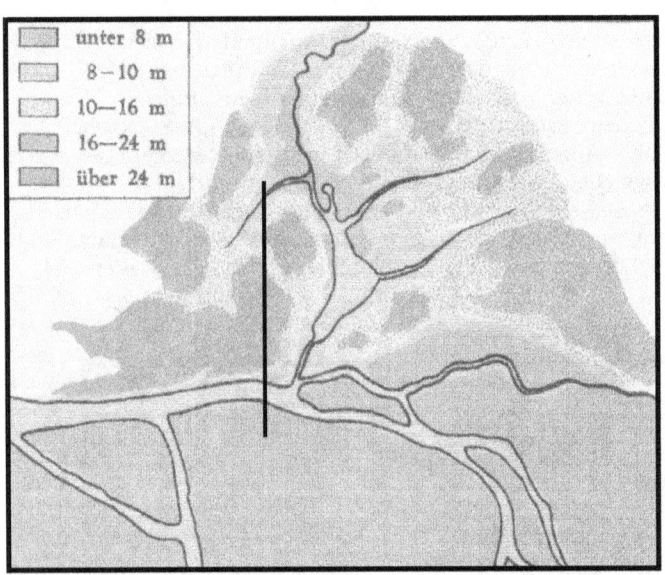

4. Die Keimzelle an der Alster
(schematisch, aber im Hinblick auf die endgültige Stadform vereinfacht)

Die wichtigste der erwähnten N.-Straßen ist die Alstersenke. Zwischen ihr und der Bille, auf dem geschützten Seerücken in der Mitte, ist der natürliche Anfangspunkt der Siedlung.

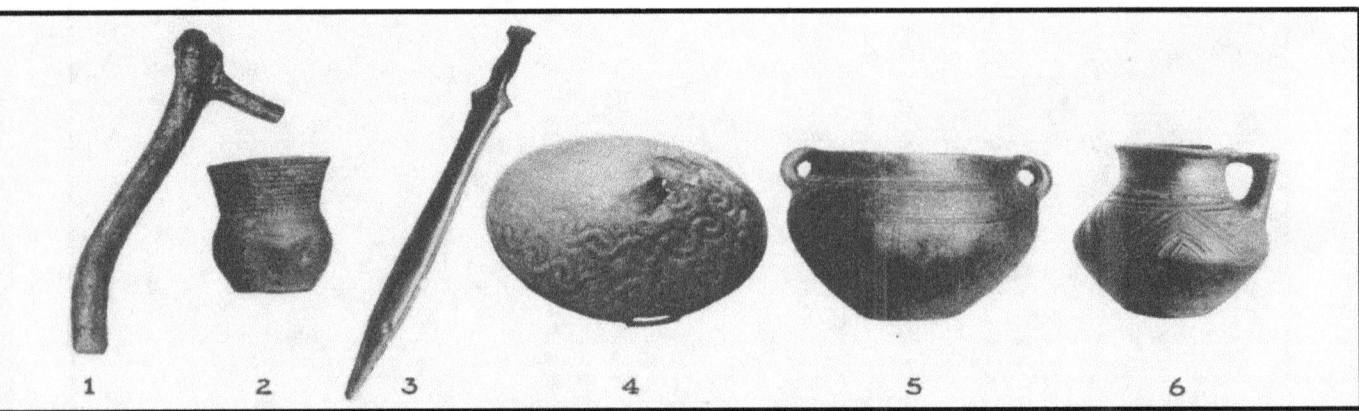

5. Vorgeschichtliche Funde
Wie sich die älteste Vorgeschichte im Boden unserer Umgegend offenbart hat.

1. Renngeweihbeil von Langenfelde (1/8 der natürlichen Größe): Beginn der jüngeren Steinzeit.
2. Tongefäß aus Ohlsdorf (1/6 der natürlichen Größe): späte jüngere Steinzeit, vor 2000 v. Chr.
3. Schwert aus Horst in den Vierlanden (1/4 der natürlichen Größe): älteste Eisenzeit, um 700 v. Chr.
4. Sängebecken von Wohldorf (1/9 der natürlichen Größe): Bronzezeit, 2000–800 v. Chr.
5. Urne von Fuhlsbüttel (1/7 der natürlichen Größe): römische Zeit; Chr. Geb. bis 200 n. Chr.
6. Urne von Westerwanna (Kr. Hadeln) (1/6 der natürlichen Größe): sächsische Zeit, 200–500 n. Chr.

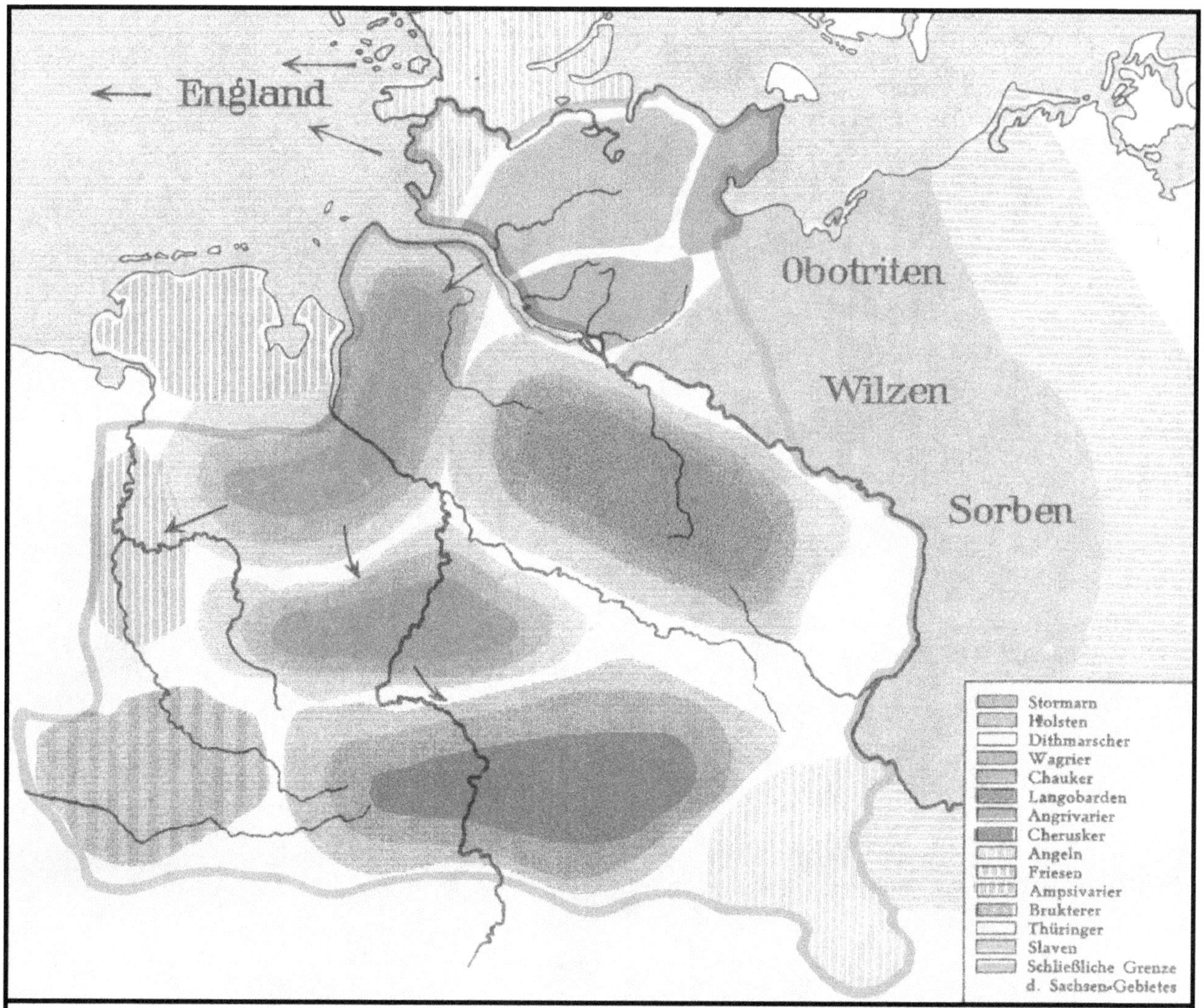

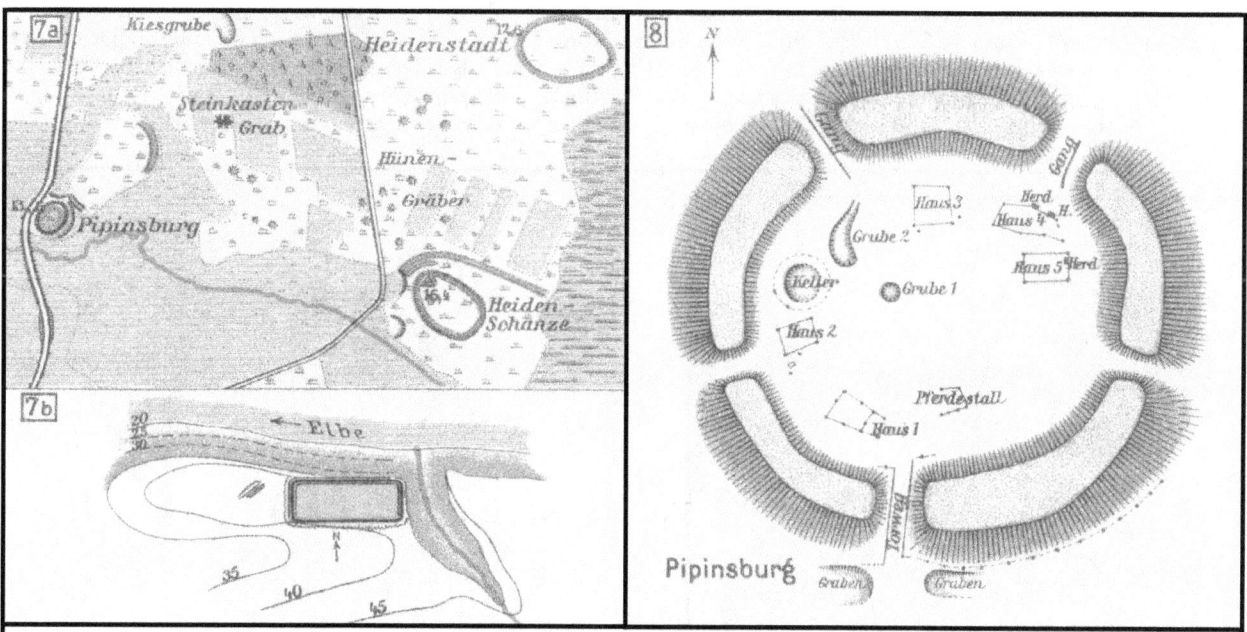

6. Die Entstehung des niedersächsischen Volksstammes

In der Ebene zwischen Elbe und Rhein, in dem „starken unangefochtenen Mutterlande der Germanen"*,
sitzen mehrere Stämme ruhig nebeneinander, bis von Norden her ein Druck erfolgt,
der mit der Durchdringung des Landes seitens der Sachsen endet.

* C. Schuchardt

7./8. Muster alltäglicher Burgen (nach C. Schuchardt)

7a. Volfsburg (Fluchtburg) Heidenschanze. Oval, 190:100m; Wall aus Erde und Holz, 1/2m hoch.
7b. Königshof Höhbeck (Hohbuoki), ein Kastell; Rechteck, 170:70m. Mauer aus Lehm und Holz, 6m hoch und dick.
8. Ringwall Pipinsburg (vgl. to peep = gucken; also „Wartburg"). Kreis, Durchmesser 66m;
Wall 8m hoch, 25m dick. Übergang zu den Burgen Heinrichs I.

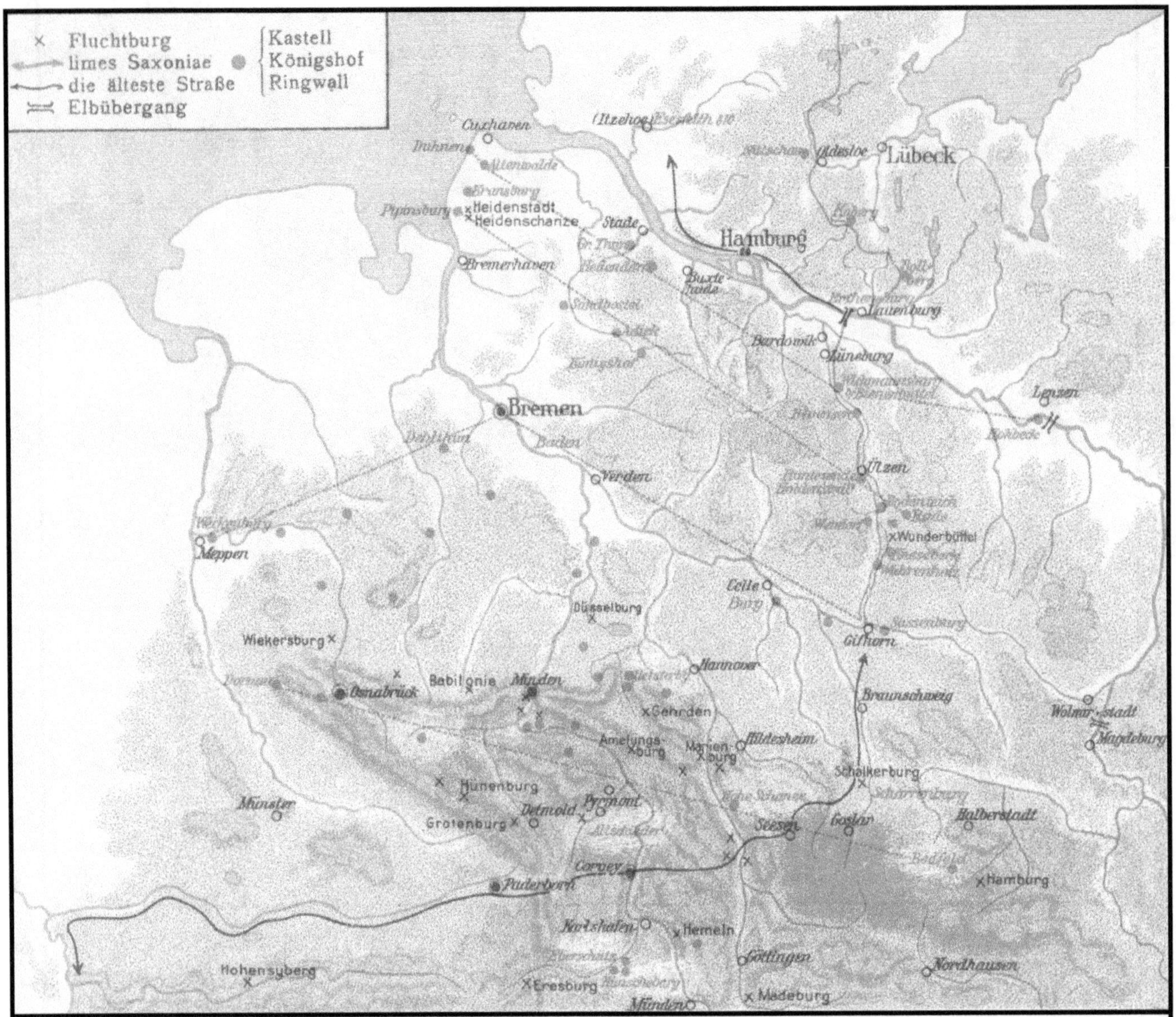

9. DER FREIHEITSKAMPF DER NIEDERSACHSEN IM FRÜHEN MITTELALTER

Karl der Große erobert die altsächsischen Fluchtburgen und überzieht den errungenen Boden mit einem Netz von Wartburgen, Kastellen und Königshöfen. Deren Reihen (nach den Endpunkten zusammengefasst) weisen auf zähe „Stellungskämpfe" hin. Die Stelle „Hamburg", von limes Saxoniae umflügelt, wird wohl auch in jenes Sicherungssystem einbezogen gewesen sein (Fluchtburg? - Karolingische Burg?). Näheres siehe C. Schuchardt, „Die frühgeschichtlichen Befestigungen in Niedersachsen" (Bad Salzuflen) und „Atlas vorgeschichtlicher Befestigungen in Niedersachsen" (Hannover 1916) nach dessen Plänen die vorstehende Karte zusammengestellt ist.

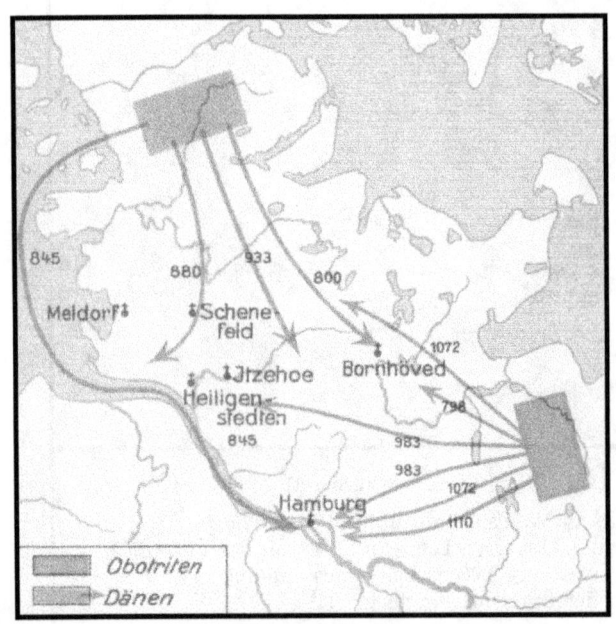

10. IM KREUZFEUER DER ÜBERFÄLLE
(800 - 1110)

Die gegen Meer und Land offene Lage ist zunächst nur verhängnisvoll (mehrmalige Zerstörung).

II. In der Macht der Kirche

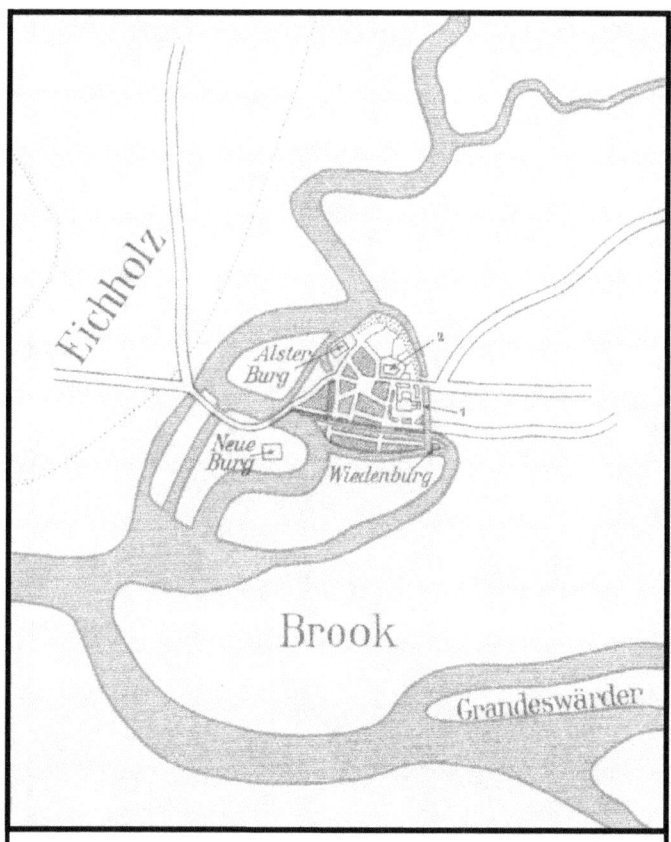

11. Die erzbischöfliche Stadt um 1065

Wall, Graben und Marschniederungen schützen die kleine Ansiedlung um den Dom (1) und die Petrikirche (2). Drei Burgen drohen ins Land hinaus.

12. Der Stadtkern um 1200

In den Gassen schaffen fleißige Handwerker für den Hof des Erzbischofs und den Markt.

14. Die Domkirche

Der der heiligen Maria geweihte Neubau (der alte Dom von 811 wiederholt zerstört) wurde 1329 eingeweiht: eine dreischiffige Basilika, der später zwei weitere Schiffe angebaut wurden. 1805 abgebrochen; Schappendom = Tischlerausstellung; Weihnachtsmarkt.

13. Der Heilige Ansgar
(in der Petrikirche)

Geboren 801, erzogen im Kloster Corby a. d. Somme, 831 Erzbischof des neuen Erzbistums Hamburg; 841 wird ihm auch das Bistum Bremen übertragen; nach mehreren Missionsreisen gen Norden, 865 gestorben. Muster eines Stifterbildes.

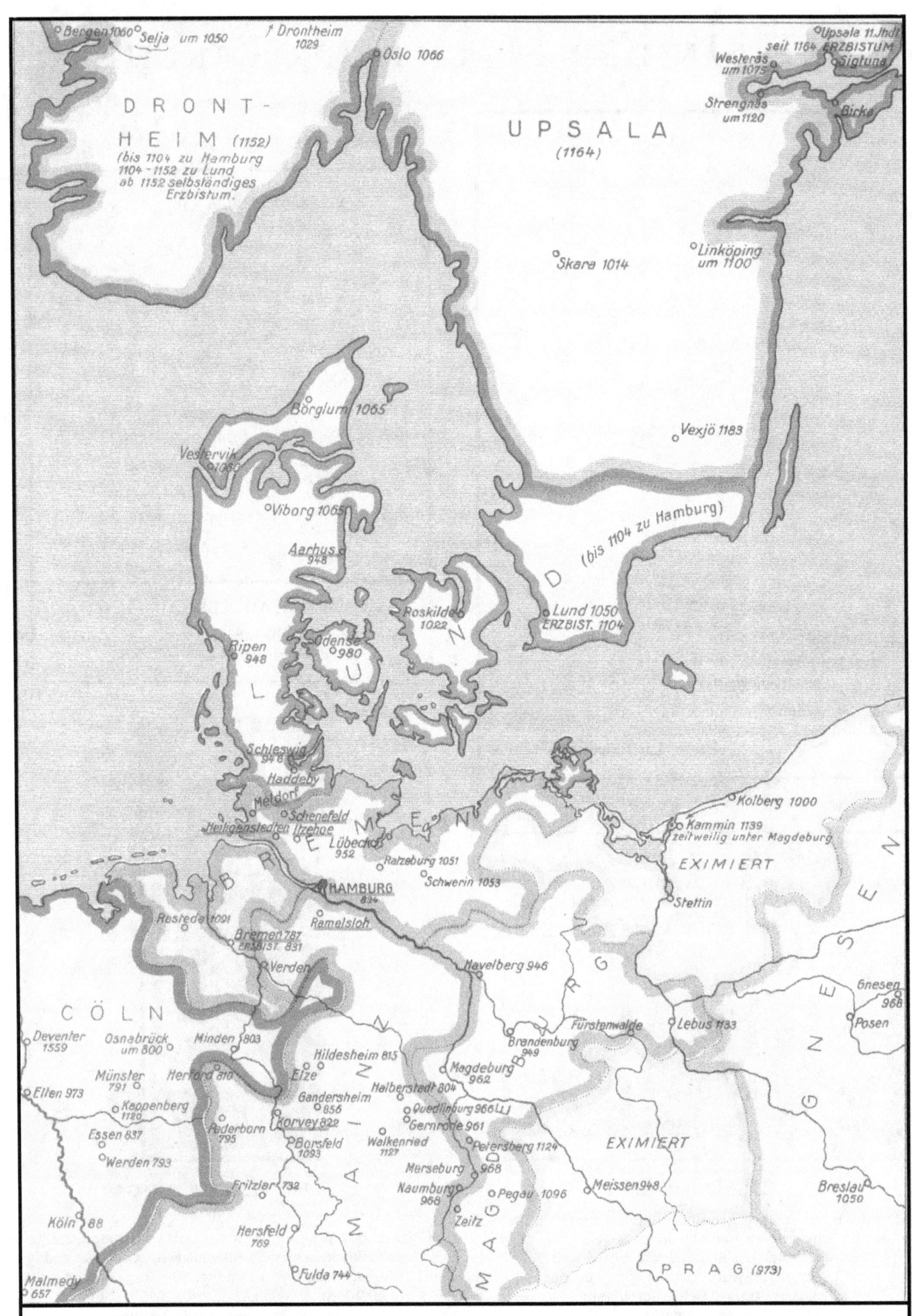

15. Hamburg im kirchlichen Leben des frühen Mittelalters

Hamburg übernimmt die Führung in der Christianisierung der nordischen Länder. Die Zahlen veranschaulichen das schrittweise Vorgehen des Christentums nach N. und O. „Eximiert" = unmittelbar unter Rom.

III. Unter gefährlicher Hoheit

16. „Hamburg mit dem Laufe der Elbe, Bille und Alster, vom Feendsberge übersehen, im Jahre 1150"
(Feindberg - Feendsberg - Venusberg)

Wie sich die ursprüngliche Stadt mit den 3 Burgen - Alsterburg, Wieden(Weiden)burg, Neue Burg -
in der Phantasie des Biedermeiermalers Suhr darstellt.

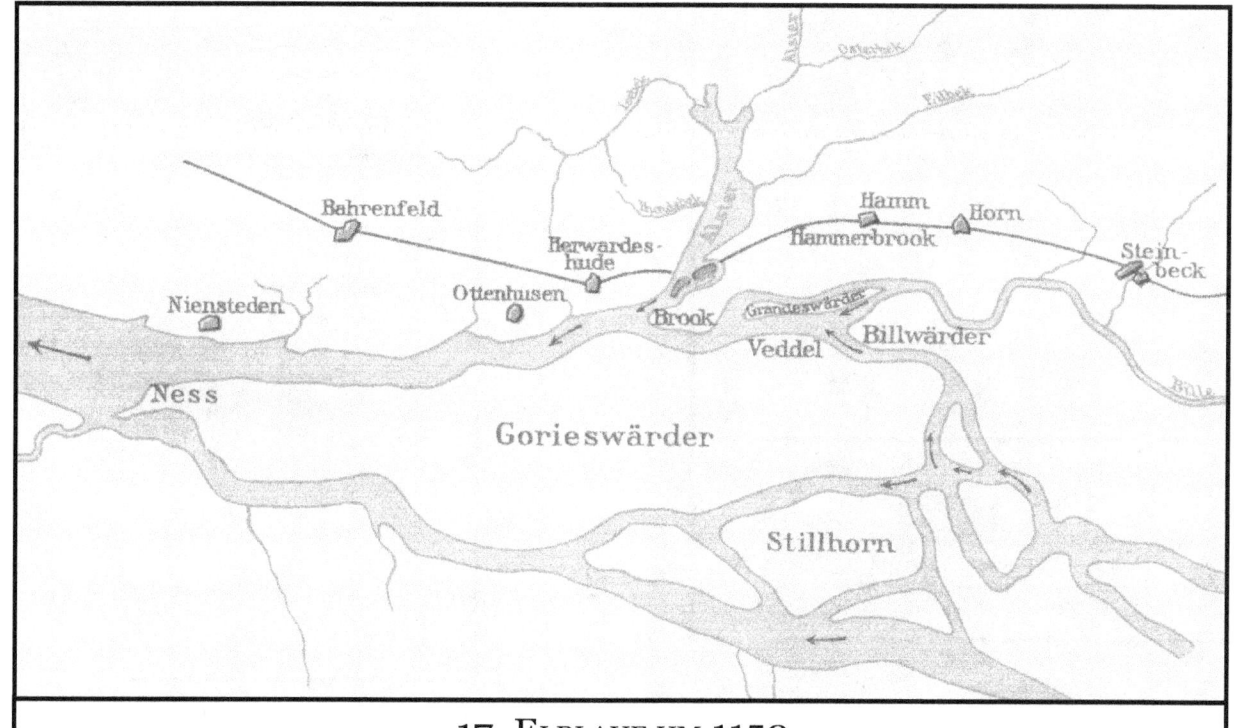

17. Elblauf um 1150

Sumpfige Niederungen, von Elbe, Bille und Ulster durchzogen: Die Marschlandschaft vor den Toren der Stadt.
Die Flut lagert Schlick und Sand ab. So baut die Elbe in der Stille an Hamburgs Zukunft.

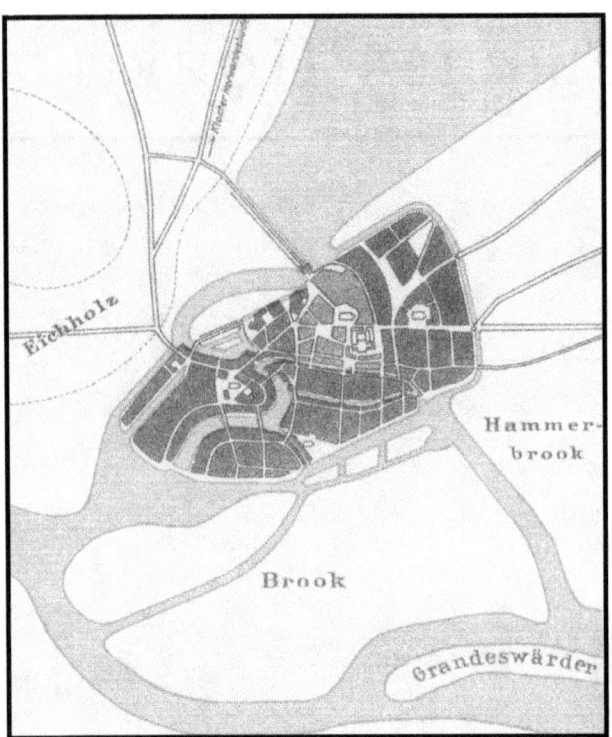

18. Die werdende Handelsstadt um 1300

Zwei Städte nebeneinander: Die erzbischöfliche Altstadt und die gräfische Neustadt, die Wirad von Boizenburg im Auftrage Adolfs III. angelegt hat. Wo einst die Burg der Sachsenherzöge stand, ist dem Schutzherrn der Schiffer, St. Nikolaus, eine Kirche entstanden, im Osten die Jakobi-Kirche und auf den Marschinseln Cremon und Grimm das Kirchspiel St. Katharinen. Eine Stadt ist geworden aus Altstadt und Neustadt, ein Stadtrecht (1292) gilt in beiden.

19. Siegel Adolfs III. & Adolfs IV.

Ein Ritter (Graf Adolf III.?), gerüstet nach links galoppierend, in der Linken ein Dreiecksschild mit Löwenwappen, in der Rechten das gezogene Schwert. Unterschrift (zu deutsch): „Siegel Adolfs, von Gottes Gnaden Grafen von Wagrien, Stormarn und Holstein."

20. Adolf IV. als Mönch im Sarge

Ein legendhaftes Erinnerungsmal zu Ehren des sieghaften Schutzherrn der Nordmark, der sein edles Walten mit frommer Entsagung beschloss. Meister Francke (15. Jhd.), vielleicht der Maler des Bildes, ein Schüler Bertrams (vgl. Nr. 24).

21. Die St. Johanniskirche und Kloster, nebst dem Witwenhause, von der Seite des Breiten Giebels gesehen

1235 gegründet, von Domikanermönchen bezogen, vermutlich 1284 abgebrannt. Die Unsicht vermittelt den Zauber altdeutscher Platzgestaltung.

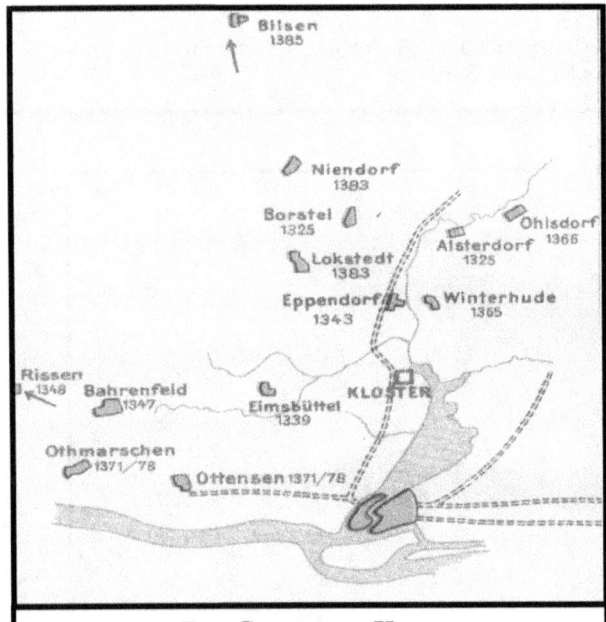

23. Die Güter des Klosters Herwardeshude

In der Stille des Alstertales haben sich die Nonnen ihr neues Haus gebaut, Herwardshude. Mit den Gaben und Vermächtnissen frommer Bürger erwerben sie sich Dorf über Dorf und mehren das Klostergut.

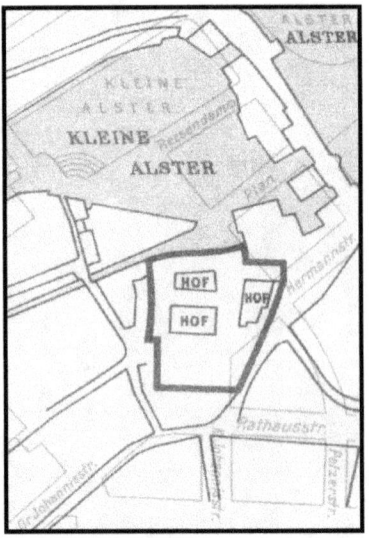

22. Das Johanniskloster im heutigen Stadtplan

Auf dem Platze der alten Alsterburg, mitten im Leben der Stadt, wo heute der Rathausmarkt liegt.

24. EIN TEIL DES BERTRAMALTARS

Eines der lebendigsten Stücke aus dem Hauptwerke dieses Meisters, der, obwohl aus Minden stammend, im Auftrage des Hamburger Rates hier (wie auch in der Umgegend) als der größte frühdeutsche Handwerkskünstler wirkte.

(Der Altar kam 1731-34 aus dem Chor der St. Petrikirche nach Grabow in Mecklenburg.)

26. ALTES HAUS IN DER SPITALERSTRAßE
(ABGEBROCHEN 1841)

Ein gotisches Ständerwerkhaus - die Windfahne weist das Erbauungsjahr 1501 -, ein Fachwerkbau mit reicher Schnitzarbeit, wie er sich hier in Anlehnung an das Bauernhaus der Umgegend als älteste Hausform herausgebildet hat (vgl. die Häuser in Hildesheim, Braunschweig usw.).

25. EINE DER TÖRICHTEN JUNGFRAUEN VOM DOM, UM 1330

Die Figur, von der Innerlichkeit frühgotischer Kunst beseelt, ursprünglich wohl als Portalschmuck gedacht (ähnliche Werke am Straßburger und Naumburger Dom), später am Lettner (Abschlusswand des Chors) verwendet.

27. STEINERNE MADONNA MIT GOLDBEMALUNG, AUS DEM DOM.

Die sog. „Schöne Madonna", eine von spätgotischer Formen reife zeugende Steinfigur, war ebenfalls (vgl. Nr. 25) am Lettner ausgestellt. Das Werk kommt den besten Lübecker Plastiken um 1500 gleich.

28. DER MESSBERG

Gute Darstellung eines Hamburger Platz- und Marktbildes, das hier Raum findet, weil darin die für die Frühzeit geltende Fachwerkarchitektur schön hervortritt.

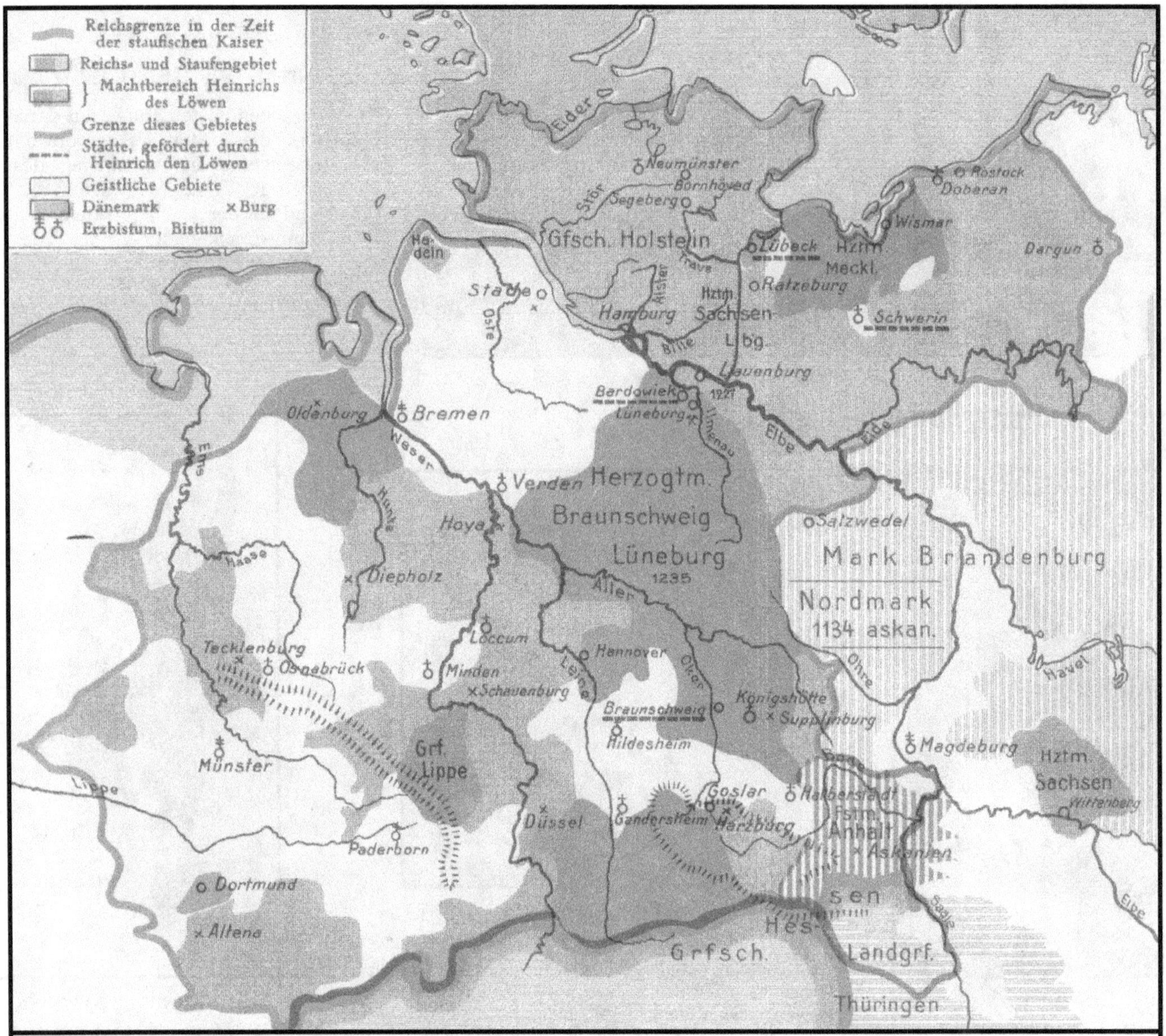

29. Die Einkreisung Hamburgs durch die großen Fürsten

Es ist eine schwere Aufgabe für die Schauenburger, sich zwischen den Machtbereichen der großen Fürsten hindurchzuwinden.

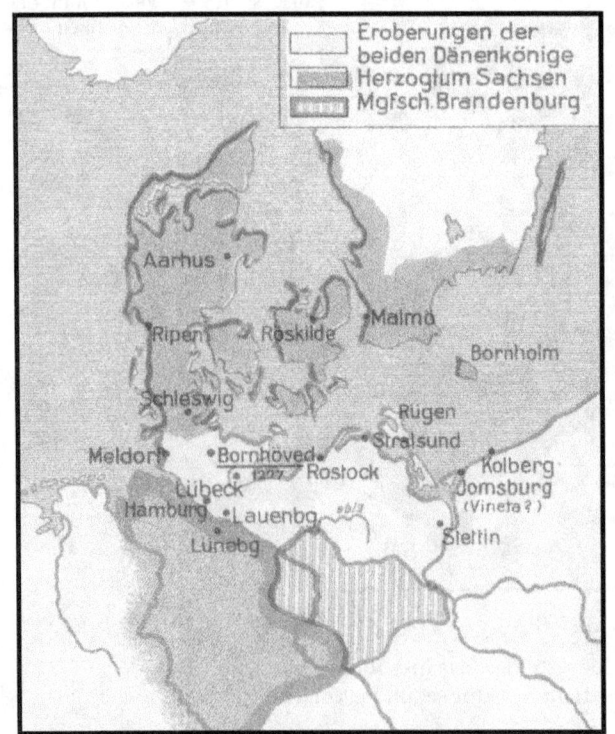

30. Das Vordringen Dänemarks nach dem Sturze Heinrichs des Löwen

Knud VI. bekämpft als Verfechter der weltlichen Ansprüche Adolfs III. von Holstein, der von Heinrich dem Löwen abgefallen war, und nimmt ihm sein Land. Waldemar II. erhält es von dem Staufen Friedrich II. als Reichslehen. Adolf IV. von Schauenburg erkämpft sich Holstein wieder bei Bornhöved (1227) = Entscheidungsschlacht für unsere Nordmark.

IV. Im Gefolge der Hanse

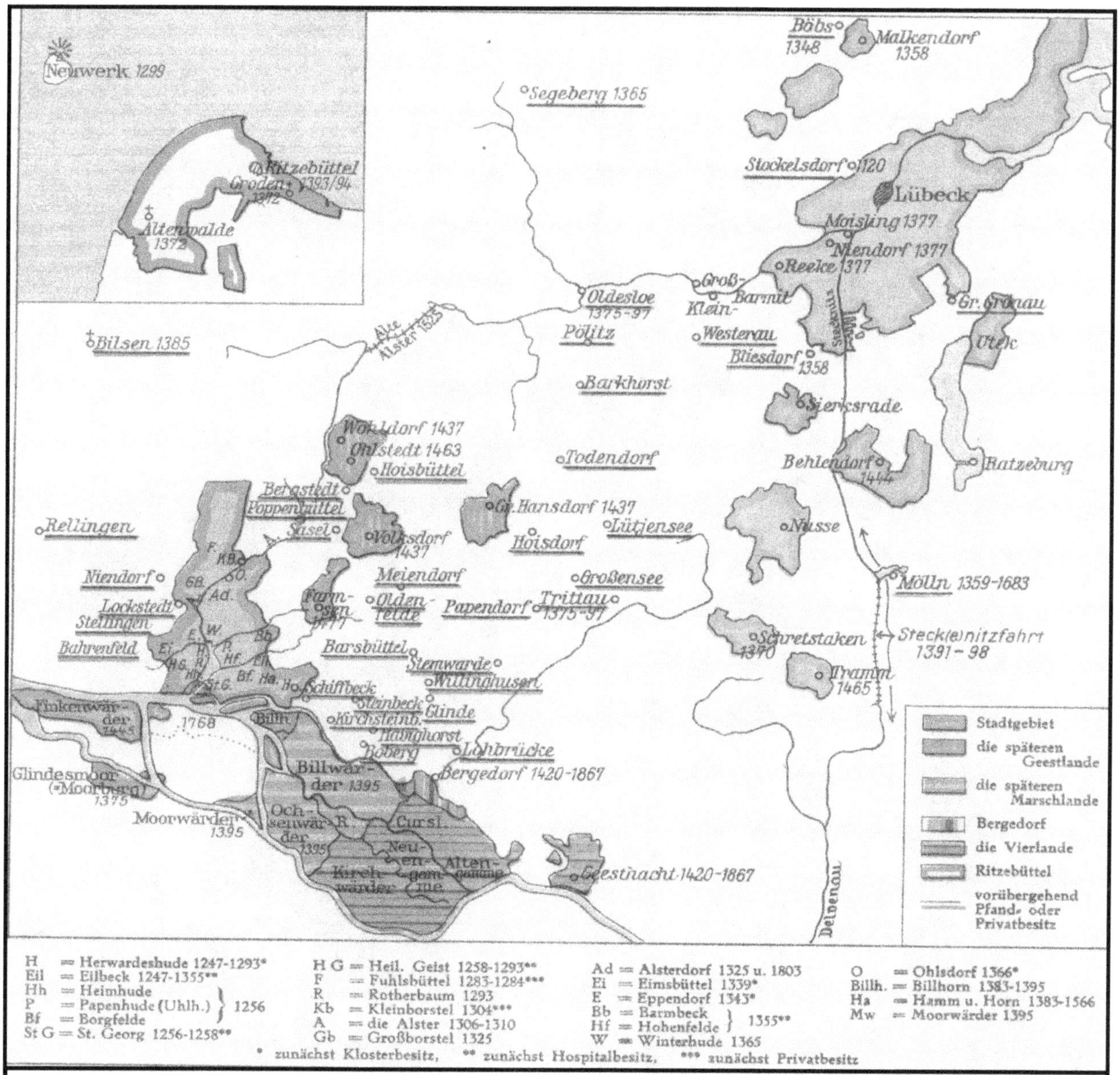
Neuwerk 1299
Ritzebüttel
Groden 1393/94
Altenwalde 1372
Bilsen 1385
Segeberg 1365
Böbs 1348
Malkendorf 1358
Stockelsdorf 1120
Lübeck
Moisling 1377
Niendorf 1377
Reeke 1377
Groß-
Klein-
Barnitz
Oldesloe 1375-97
Alte Alster 1525
Pölitz
Westerau
Bliesdorf 1358
Gr. Grönau
Barkhorst
Siebenbäumen
Sierksrade
Behlendorf 1444
Ratzeburg
Wohldorf 1437
Ohlstedt 1463
Hoisbüttel
Todendorf
Bergstedt
Poppenbüttel
Sasel
Gr. Hansdorf 1437
Lütjensee
Nusse
Rellingen
Volksdorf 1437
Hoisdorf
Niendorf
Meiendorf
Großensee
Möllin 1359-1683
Lokstedt
Stellingen
Oldenfelde
Papendorf
Trittau 1375-97
Schretstaken 1370
Steck(e)nitzfahrt 1391-98
Bahrenfeld
Barsbüttel
Stemwarde
Willinghusen
Tramm 1465
Finkenwärder 1445
Schiffbeck
Steinbeck
Glinde
Kirchsteinbek
Havighorst
1768
Boberg
Lohbrücke
Glindesmoor (=Moorburg) 1375
Billwärder 1395
Bergedorf 1420-1867
Moorwärder 1395
Ochsenwärder 1395
Curslak
Neuengamme
Altengamme
Kirchwärder
Geesthacht 1420-1867
Delvenau
Stadtgebiet
die späteren Geestlande
die späteren Marschlande
Bergedorf
die Vierlande
Ritzebüttel
vorübergehend Pfand- oder Privatbesitz
H = Herwardeshude 1247-1293*
Eil = Eilbeck 1247-1355**
Hh = Heimhude
P = Papenhude (Uhlh.)
Bf = Borgfelde
(Hh, P, Bf) 1256
St G = St. Georg 1256-1258**
H G = Heil. Geist 1258-1293**
F = Fuhlsbüttel 1283-1284***
R = Rotherbaum 1293
Kb = Kleinborstel 1304***
A = die Alster 1306-1310
Gb = Großborstel 1325
Ad = Alsterdorf 1325 u. 1803
Ei = Eimsbüttel 1339*
E = Eppendorf 1343*
Bb = Barmbeck
Hf = Hohenfelde
W = Winterhude 1365
(Bb, Hf) 1355**
O = Ohlsdorf 1366*
Billh. = Billhorn 1383-1395
Ha = Hamm u. Horn 1383-1566
Mw = Moorwärder 1395
* zunächst Klosterbesitz, ** zunächst Hospitalbesitz, *** zunächst Privatbesitz

31. Die Landbrücke nach Lübeck und die Sicherung der Elblinie im 13. und 14. Jahrhundert (die Ausbildung des hamburgischen Staatsgebiets)

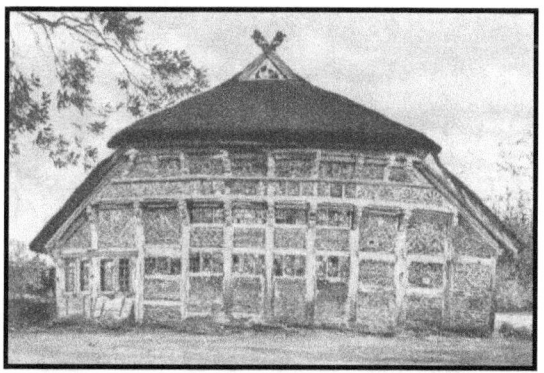

32. Das Hufnerhaus von F. Harden in Neuengamme, 1593

Mit Windbret, Halbrosetten in Holz geschnitzt, Bauornamenten unter dem Dach und Altenteil.

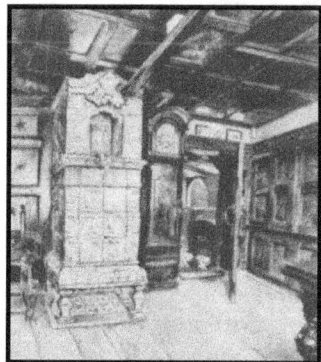

33. „Groot Döns“

(Wort a. d. Slawischen = heizbares Gemach) Mit Wandbrett rechts und Blick ins Flett (Eingangs- und Herdraum, Vordiele).

Dieses Bild (wie Nr. 32) deutet den Einfluss des Umlandes auf die Stadt an und die Verbindung beider auf dem Boden der Volkskunst.

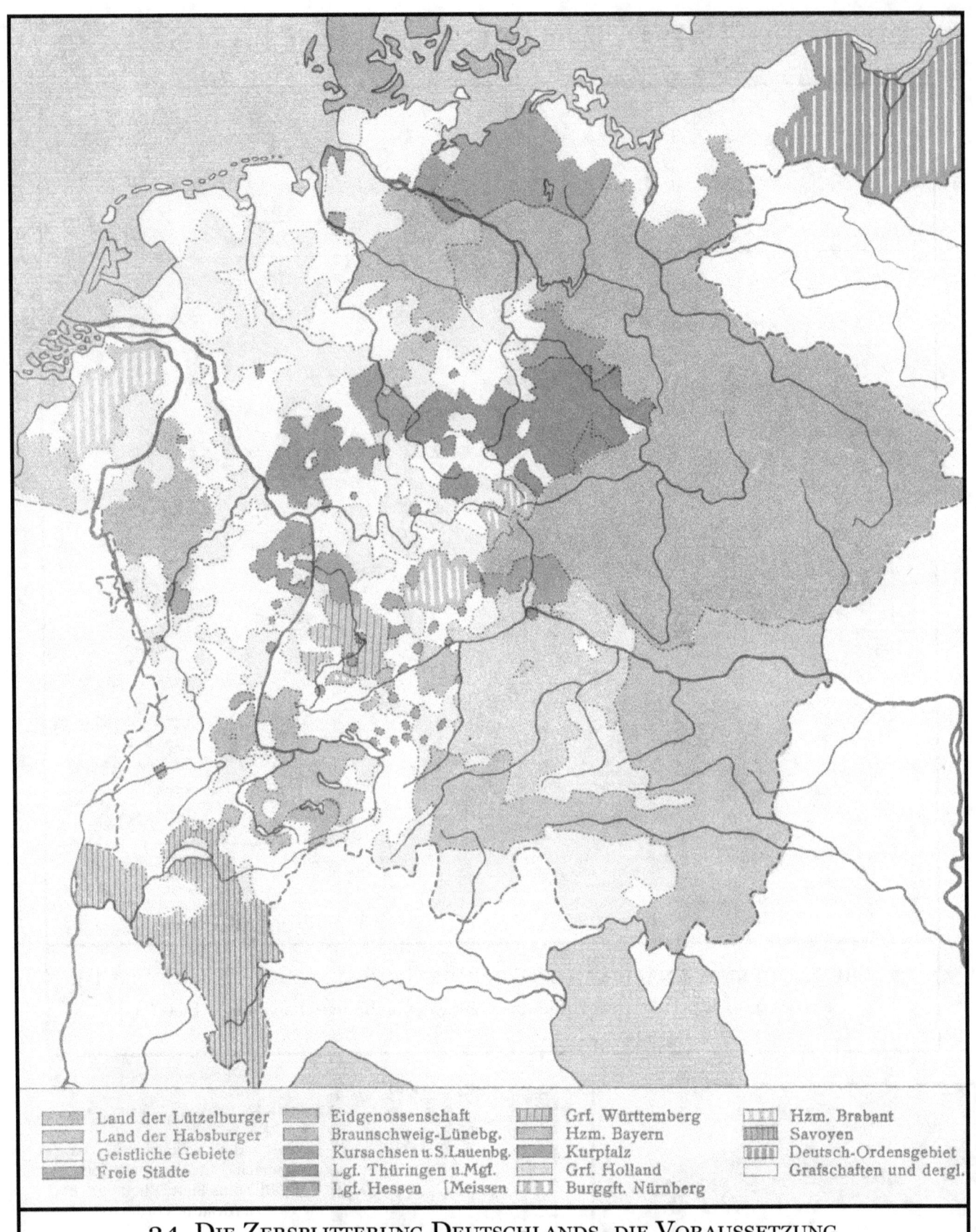

34. Die Zersplitterung Deutschlands, die Voraussetzung für den Aufstieg der Hanse

Gegen Ende des Mittelalters zerfällt das Reich in viele Machtsplitter, die sich nur dort zu größeren Einheiten zusammenschließen, wo Hausmachtstreben herrscht.

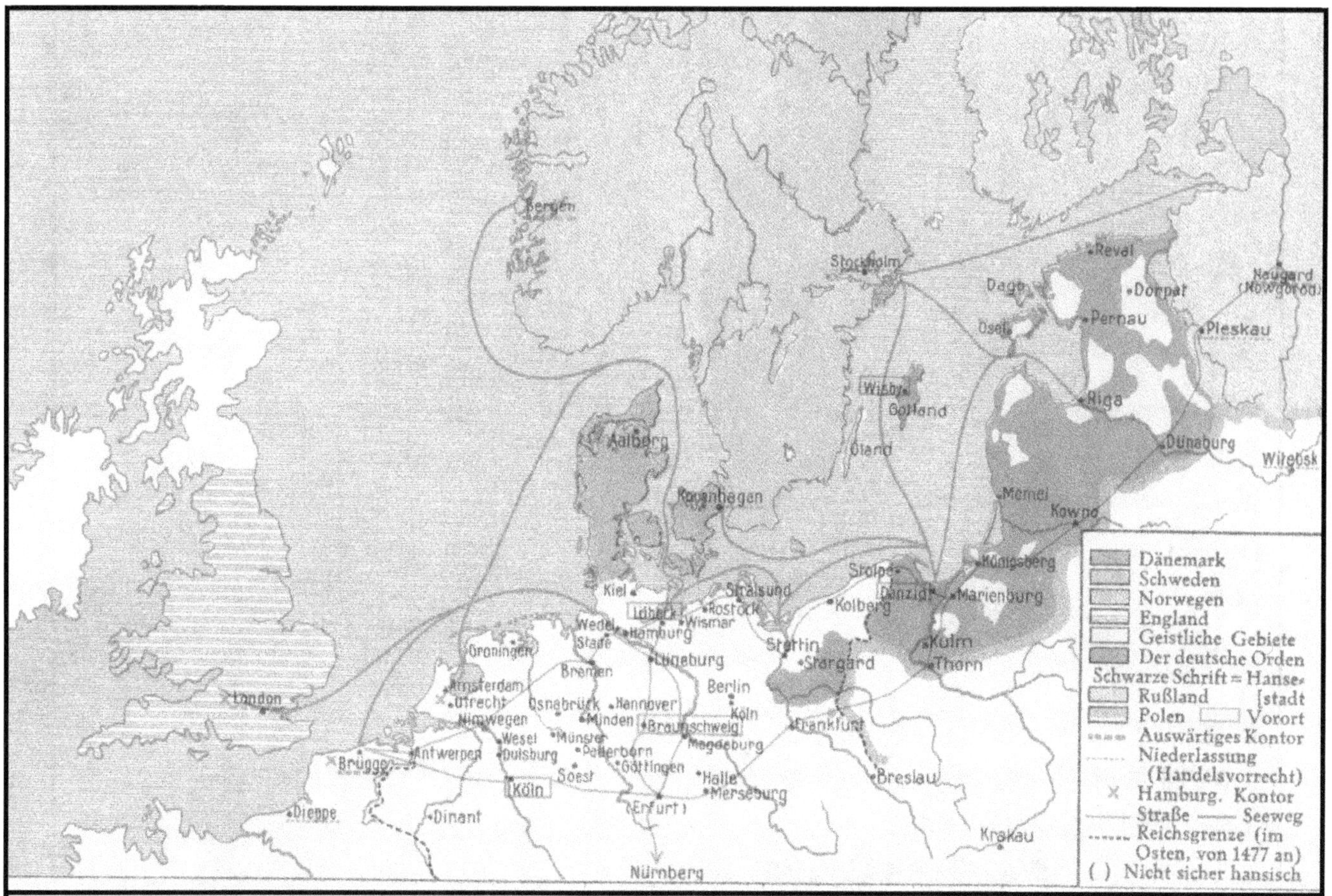

35. De stede de Dudesche Hanse (über 70), ihr Bereich und ihre Stellung

Lübeck im Brennpunkt des hansischen Verkehrs (seine Berufung zur Führerschaft); Hamburg, zwar gleichfalls zur Kerngruppe der wendischen Städte (von Lüneburg bis Stralsund) gehörend, aber erst in Bereitschaftsstellung; die Randmächte mehr oder weniger (je nach der Tiefe der Tönung) gefestigt und bedrohlich.

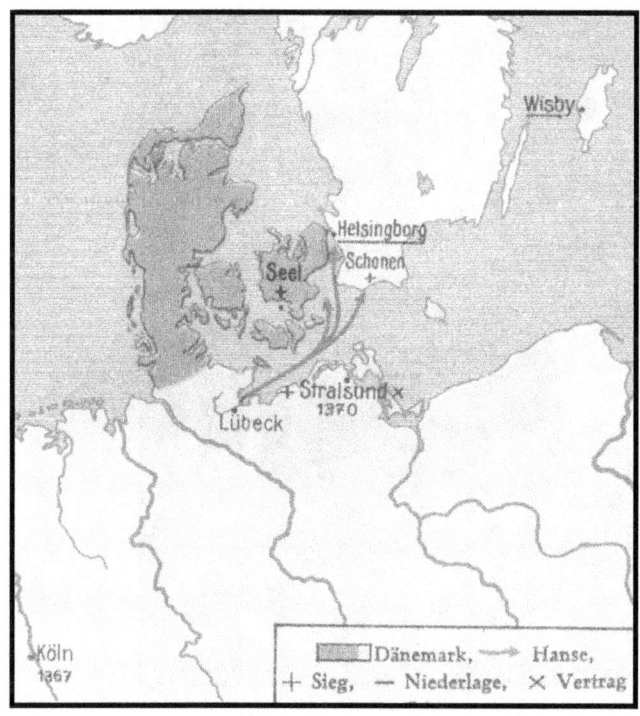

36. Krieg der Hanse mit Waldemar IV. von Dänemark (1361 - 1370)

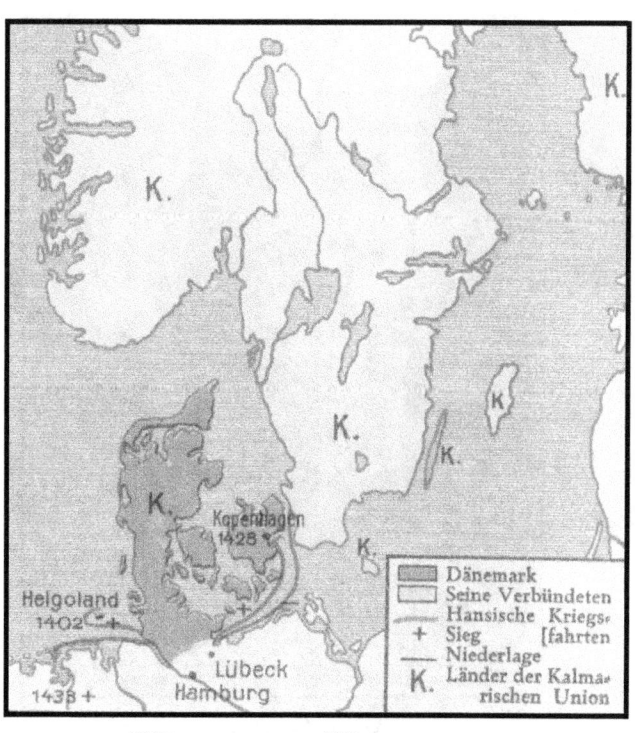

37. Kämpfe der Hanse mit dem nordischen Unionsreiche (1397 - 1435)

Geld	im Werte von	441 ℔	(= köln. Mark.)
Malz	" " "	715 "	
Hopfen	" " "	785 "	
Flachs	" " "	1029 "	
Korduan	" " "	1219 "	
Butter	" " "	2369 "	
Honig	" " "	2402 "	
Becken	" " "	3214 "	
Osemunt (schwedisches Eisen)	" " "	3446 "	
Holz	" " "	3609 "	
Schweine u. Schweinefleisch	" " "	3798 "	
Kupfer	" " "	3981 "	
Eisen	" " "	5478 "	
Heringe	" " "	7075 "	
Getreide	" " "	7684 "	
Pelzwerk	" " "	7797 "	
Wachs	" " "	9375 "	
Tuch	" " "	15 663 "	

Die Ausfuhr liegt in den Händen:
- hamburgischer
- lübeckischer
- braunschweigischer } Kaufleute.
- andersstädtischer
- auswärtiger
- Herkunft unbestimmt.

Leinwand im Werte von 28 813 ℔

Bier im Werte von 62 516 ℔

38. DIE GESAMTE SEEAUSFUHR AUS HAMBURG IM JAHRE 1369

Nach den Angaben des Pfundzollbuches, in dem der Pfundzoll (Ausfuhrzoll) für alle aus der Stadt ausgeführten Waren - durch 598 Fahrten, meist nach Friesland und Holland - gebucht worden ist.

39. „VAN SCHIPRECHTE"

Aus den Hamburgischen Stadtrecht von 1497. Die Darstellung, im Urbild auf Goldgrund gemalt, zeigt die frische, kindliche Art mittelalterlichen Buchschmucks. Zeitechte Abbildung von hanseatischen Roggen.

40. BILDNIS STÖRTEBEKERS

Ein Bildnis, das sich mit der volkstümlichen Vorstellung des hochgemuten Seeräubers deckt. In Wahrheit stellt das Bild den Hofnarren Kaiser Maximilians I., Kunz von der Rosen, dar.

41. Das Innere der St. Johanniskirche

Der Eindruck dieser dreischiffigen spätgotischen Hallenkirche (1480 erbaut) klingt trefflich mit dem aufstrebenden bürgerlichen Selbstbewusstsein der Hansezeit zusammen.

42. Das Innere der St. Katharinenkirche

An diesem Bau, um 1250 als dreischiffige Basilika errichtet, kommt das Gebäude einer mittelalterlichen Pfarrkirche (Silberschmuck, Epitaphien = Grabmäler) zu machtvollen Ausdruck.

43. Jakobkirche, der Altarschrein der Maler

Die Abbildung zeigt die inneren Flügel um den Mittelschrein, ein höchst anmutiges Kirchenwerk von meisterlicher, doch unbekannter Hand. Das Übrige eine gute Arbeit (1449) des Malers Hinrick Bornemann. Das Ganze ein Denkmal hochgesinnten Zukunftsgeistes.

44. Das „Englische Haus"

Erbaut 1478, abgebrochen 1819-22. Das Vereins- und Geschäftshaus der *merchant adventures of England*. Muster eines gotischen Treppengiebelbaus (vgl. Lüneburg, Lübeck), der neben dem Fachwerkhause aufkam. Ein Merkmal der neuen Weltbeziehungen Hamburgs.

V. Die freie Stadt im Weltgetriebe

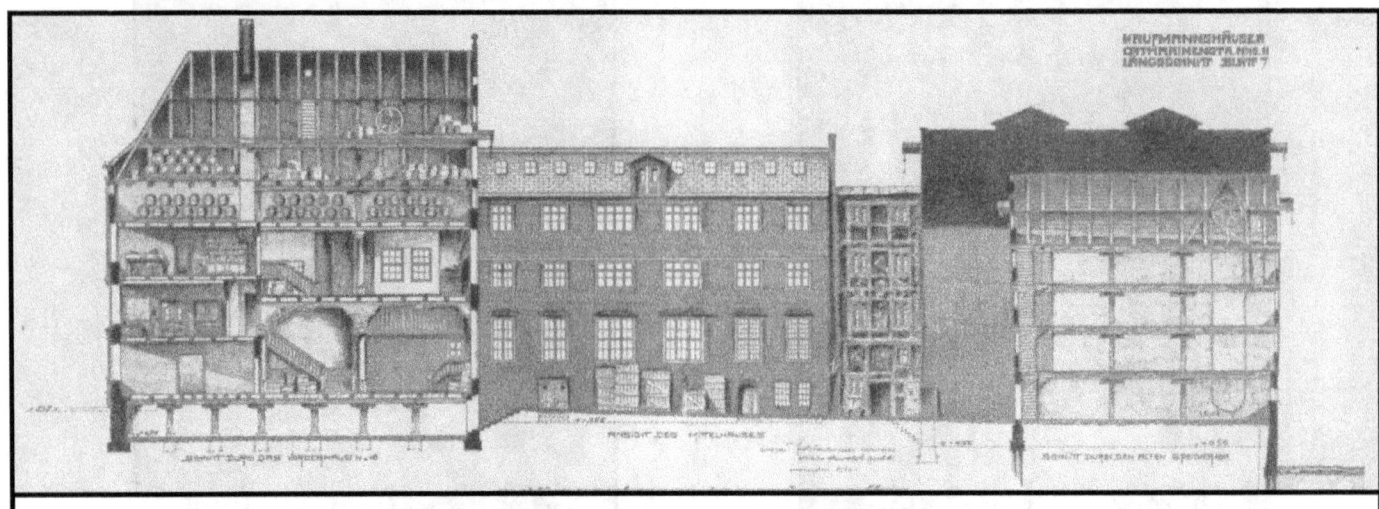

45. Durchschnitt eines Kaufmannshauses

Der Schnitt durch das Haus, das 1782 - 1837 im Besitz der Familie Hudtwalcker und bis 1890 erhalten war, stellt die Anlage eines hiesigen Kaufmannsanwesens dar: Wohnhaus mit Diele an der Straße und Speicherböden; Mittelhaus mit Hof; Speicher mit fünf Geschossen (Lagerräumen) am Flet.

46. „Flet hinter Crémon"

Ein in die Gegenwart herüberragendes Beispiel der geschilderten Anlage: Sachwerksspeicher mit 4-6 Böden und Windenanlage.

47. „Das Raht-Hauß"

Rechts der erneuerte Bau von 1600 (Portal im Museum für hamburgische Geschichte) und 1649 (rechte Hälfte); alle Standbilder (Museum für hamburgische Geschichte) und der Turm gleichfalls 1649. In der Mitte das ältere gotische Rathaus (um 1400), links davon das Niedergericht und das Wachgebäude.

48. Johann Bugenhagen (1485 - 1558)

Nach dem Sieg der neuen Lehre 1528 aus Sachsen berufen, ordnete er das Kirchen- und Schulwesen (erste humanistische Schule in den Räumen des von den Mönchen verlassenen Johannisklosters = Johanneum); sein Wert wurde von Prof. Joh. Hoeck (Üpinus) ergänzt, dem ersten Superintendenten.

49. „Hamburg. Borse" (Börse) 1610

Rechts das Rathaus mit den Anbauten (vgl. Nr. 48), in der Mitte die Börse (die erste deutsche, gegr. 1558) mit reichem Bauschmuck (Spätrenaissance), davor ein ursprünglicher Börsenbetrieb, links der Kran, dahinter ein Tiefenblick in den Hafen, am Rande der „Schauenburgische Zoll". Kostüme, Verkehrssitten!

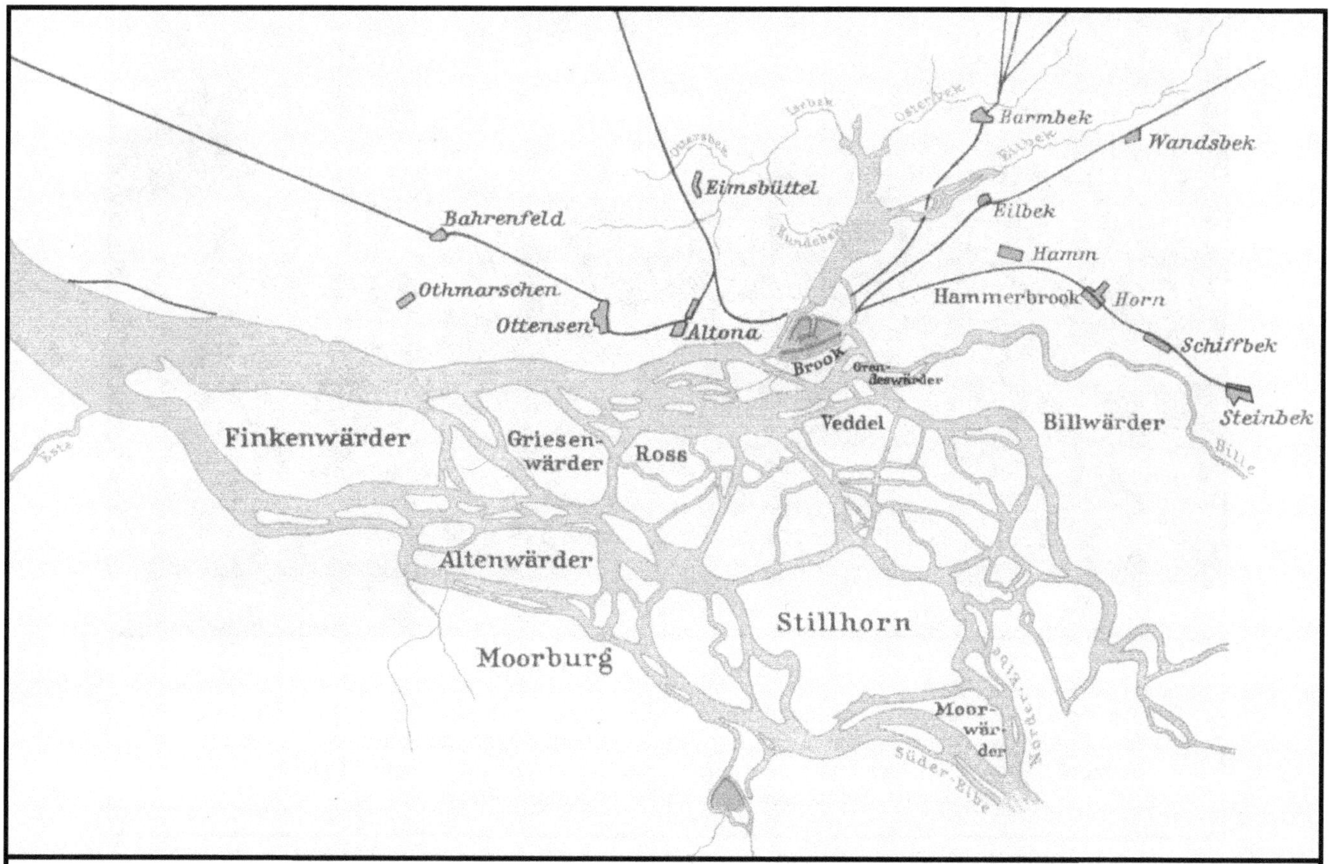

50. Der Elblauf um 1600

Der Mensch hat eingegriffen in den Lauf der Natur, Deiche gezogen, Kanäle gegraben; denn die Stadt drängt zur Elbe, braucht neues Land und einen größeren Hafen. 1550: Durchstich des Grandeswärders.
1603: Durchstich durch den Brook (der „Neue Graben").

51. „Hamburgum 1574"

Darstellung der Stadt vor der Erweiterung um 1600, mit den 4 Kirchspielen und der alten Befestigung in starrer Verteidigungslinie.

52. „HAMBURGUM 1690"

Das von dem holländischen Hauptmann Joh. v. Valkenburgh zu Beginn des 30jährigen Krieges geschaffene Festungswerk mit 21 Bastionen in „polygonaler" Anlage; darauf Schanzen („Kavaliere" oder „Katzen"), Vorwerke („Kavelins") am Außenrande; Tuchmacherrahmen auf dem Grasbrook. Hamburgs entscheidende Schutzwehr.

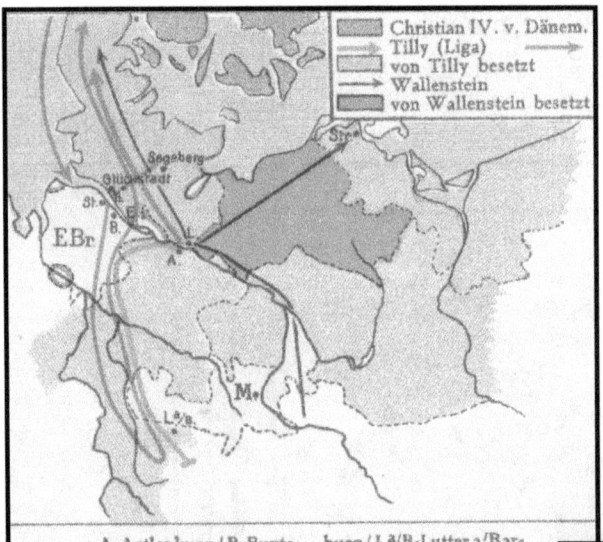

53. HAMBURGS STELLUNG IM 30JÄHRIGEN KRIEGE

Selbst die kühnsten Seeführer hüten sich, die starke Festung anzugreifen.

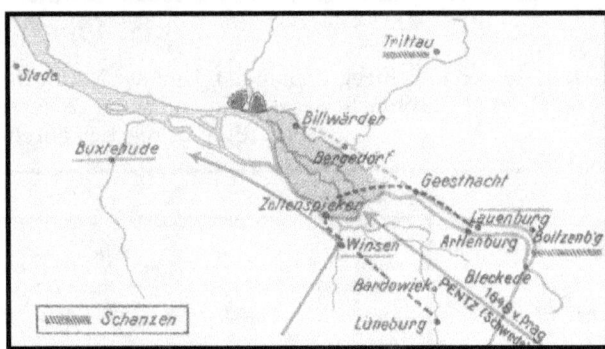

54. DIE KRIEGSNOT DER VIERLANDE

Aber an den Nachbarn lassen sie ihre Wut aus (Näheres s. „L. Finder, die Vierlande", Hamburg 1922).

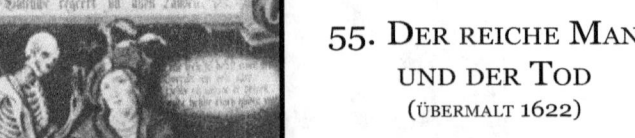

55. DER REICHE MANN UND DER TOD
(ÜBERMALT 1622)

Hauptteil der Inschrift: „Armot lydt not. Barmherticheit ys dott, Gerechticheit leydt gevangen. Antruwe regeert yn allen Landen."

Kostüm des 16. Jahrhunderts; Totentanzdarstellung. Anspielung auf den Kriegsgewinner?

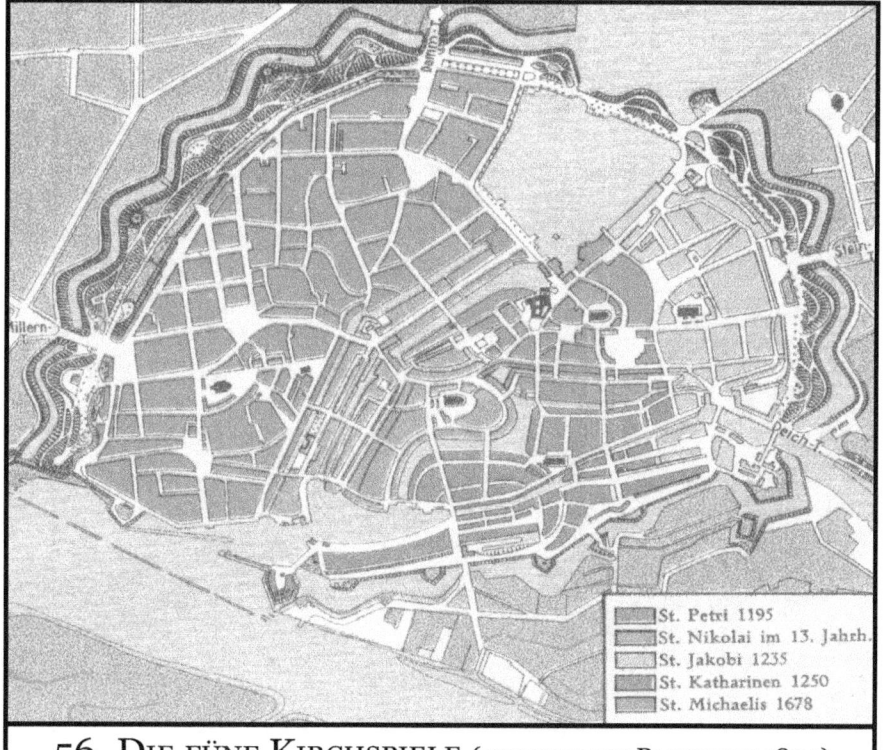

56. Die fünf Kirchspiele (aufgrund des Planes von 1834)

Diese Einteilung ist auch für die Verwaltung sowie für die Rekrutierung maßgebend geworden.

57. Zunftpokal der Brauer

Hamburger Arbeit: großer vergoldeter Pokal mit großblumigem Schmuck; auf dem Deckel Figur des Schutzpatrons (St. Sylvester), von einem älteren „Willkomm" stammend.

58. „Kaiser Leopold" & „Das Wappen von Hamburg"

Erinnern an die Konvoi(Geleit)schiffe, die seit 1662 den Spanienfahrern als bewaffneter Schutz mitgegeben wurden (mit den neuen holländischen Gaffelsegeln ausgerüstet). Auf dem „Wappen v. H." starb Bernd Jak. Karpfanger 1683 vor Cadir seemännischen Heldentod.

59. Hamburger Trachten im 16. Jahrhundert

Von links nach rechts: „Rahts Herr, Frau auf das Beste, Frau im Hause, Jungfer, niederländische Jungfer, Magd, Holsteinische Jungfrau. Ratsherr in der langen Schaube, die sich aus der Gelehrtentracht entwickelte; Hut und Halskrause spanische Mode; Frauen mit buntem Mieder, langärmeliger Jacke, weißer Schürze, Halskrause und Goldkette; Magt mit „Hoike".

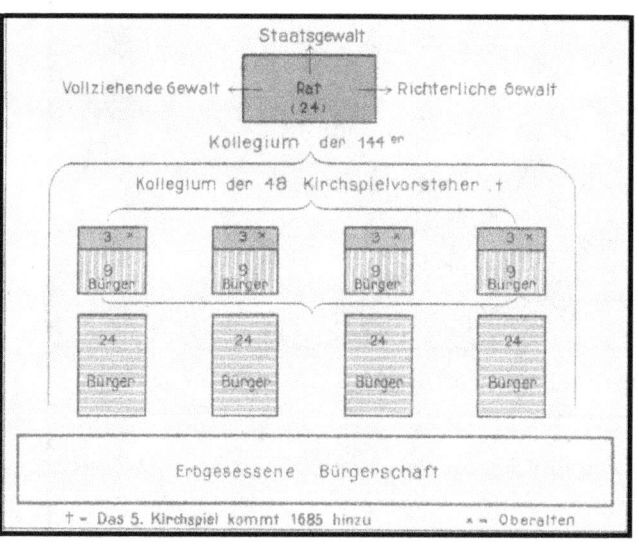

60. Begründung der Verfassung durch den Langen Rezess (von 1529)

Erste Stufe im Streit der Bürgschaft um die Staatsgewalt: der Rat behauptet noch die Alleinherrschaft.

VI. Geistiges Leben im gefestigten Staate

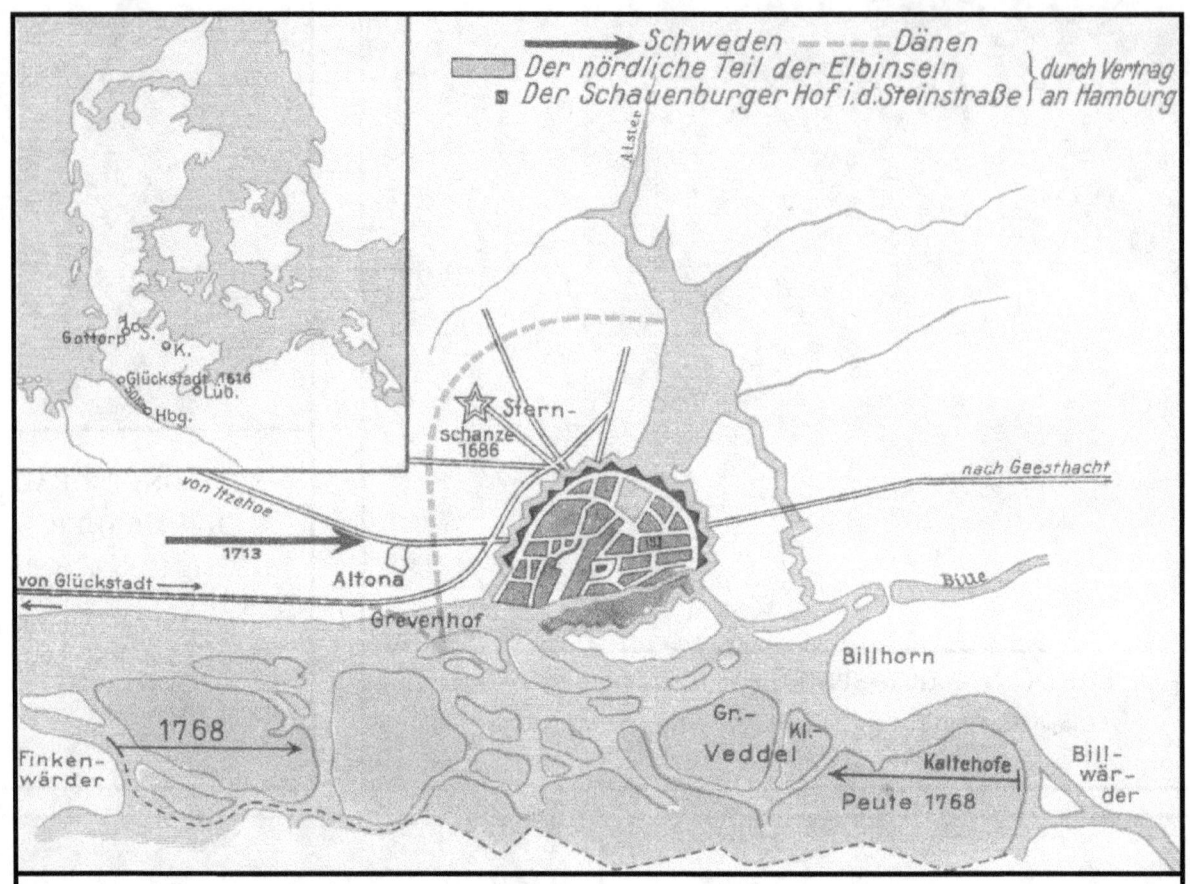

61. Die letzten Kämpfe gegen die Dänen

Im 17. Jahrhundert: Waffengang bei der Sternschanze (im Gefolge der Unruhen von Suitger und Jastram), beendet durch bewaffnetes Dazwischentreten Lüneburgs und Brandenburgs; im 18. Jahrhundert: Endgültige Beilegung des Streites durch den friedlichen Vergleich zu Gottorp.

62. „Ansicht des vergrößerten Jungfernstieges und der Alster um 1800"

Verbreitung 1796 in die Alster hinein. Vorn die Reesendammbrücke; das erste Haus links ist die alte Wasserkunst; rechts der alte Alsterpavillon, erbaut 1799. Ländlicher Eindruck unserer weltstädtischen Hauptstraße.

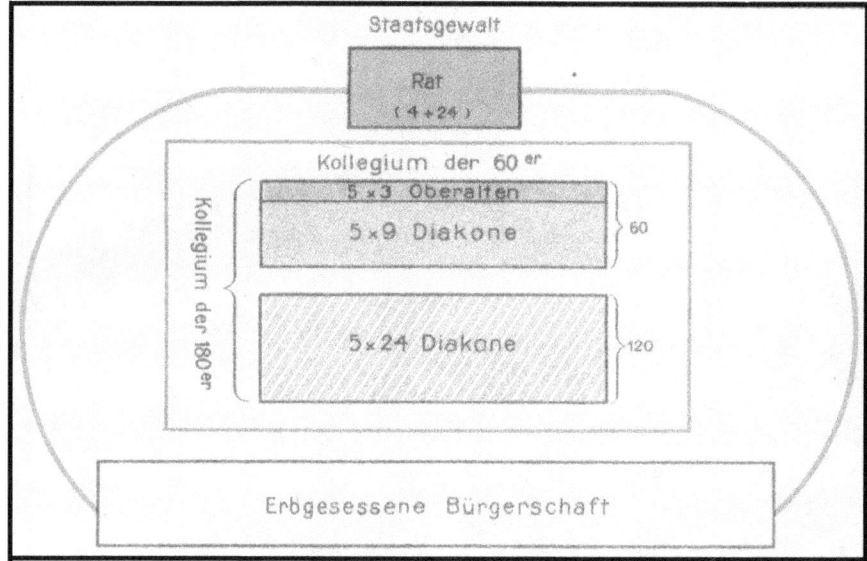

63. REVISION DER VERFASSUNG DURCH DEN HAUPTREZESS VON 1712

Zweite Stufe im Kampf der Bürgschaft um die Staatsgewalt: Gleichgewicht mit dem Rate.

64. HOTEL KAISERHOF AM NESS

Das schönste hamburgische und eins der besten deutschen Bürgerhäuser im Renaissancestil, der hier mit dem Abzeichen feiner holländischer Herkunft (Mischung von Back- und Sandstein) auftrat.

65. FASSADE DES HAUSES NR. 9 IM NEUEN WANDRAHM

Auch in diesem holländisch-französischen Barockbau, in dem noch die gotische Hoheit nachklingt, findet sich die erwähnte Materialmischung. Prächtiges Portal.

66. NEUER WANDRAHM 17.

Der streng gegliederte, mit reichem Sandsteinschmuck und kräftigem Hauptgesims gezierte Palastbau (lange Zeit Stadtwohnung der Familie Chapeaurouge) zeigt schon das volle Gepräge barocker Wucht.

67. CATHARINEN-STRASSE 10 [x]

Diele, Muster einer althamburgischen Kaufmannsdiele mit Deckenschmuck (ursprünglich aus Holz und bemalt) im Rokokogeschmack; sonst Barockformen. Hauptraum und Verkehrsmittelpunkt des Hauses, Übergang von der Strasse zum Hof.

68. SAAL IM JENISCH'SCHEN HAUSE, CATHARINENSTRASSE 17.

Muster eines Gesellschaftsraumes in dem Hause eines vornehmen Kaufherrn jener Zeit; Rokokodecke und Vertäfelung im Stile „Louis XVI." Hinweis auf den fürstlichen Lebensstil dieser Kreise.

---

[x] Die Schreibung mit C ist gewählt, wenn sie am Original vorkommt.

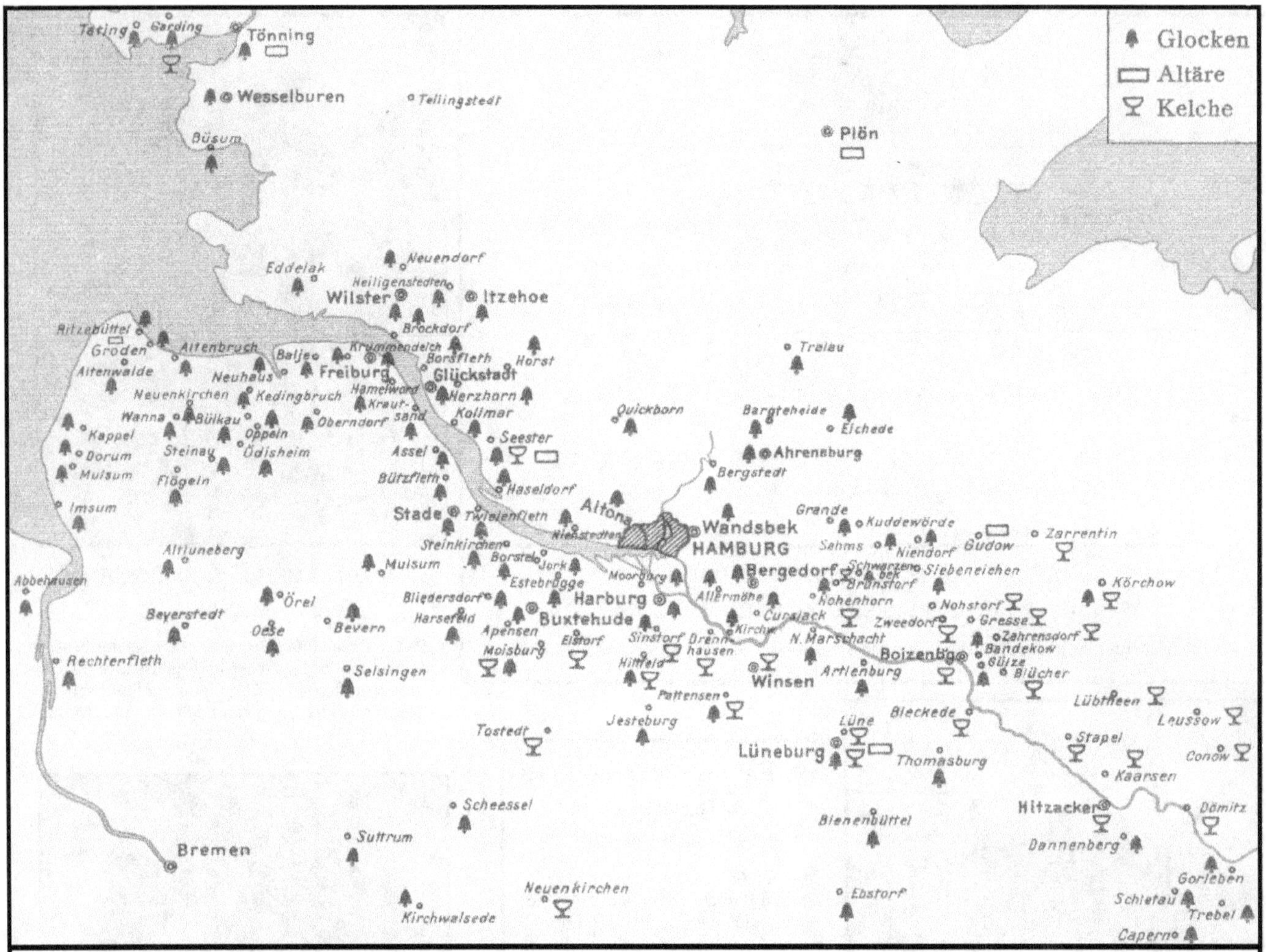

69. Hinterland des hamburgischen Gewerbefleisses im 17. & 18. Jahrhundert

Veranschaulicht an Werken des Kunstgewerbes (1400-1800). Hauptzeit: 17. Jahrhundert und erste Hälfte des 18. Die rein volkstümlichen Beziehungen würden einen anderen Umkreis ergeben; doch fehlen hierfür die Unterlagen.

70. Hamburgischer Prospekt, 1730

Eine gute Ansicht des Hafens im 18. Jahrhundert und der baulich einheitlichen, geschlossenen Stadtform.

71. Das Commercium

Das Erdgeschoss, „Die Wage", und der 1. Stock 1669 an die 1583 gebaute Börse (s. Nr. 49) angebaut, wie diese im Stil der holländischen Renaissance; 1767 wurde der 2. Stock in schlichtem Barock daraufgesetzt (Raum für die Commerzbibliothek) - trotz der Stilmischung ein edles, festliches Bauwerk.

72. Georg Philipp Telemann
(1681-1767)

Ein geborener Magdeburger, seit 1722 als Komponist und Musikdirektor an der Hamburger Oper am Gänsemarkt (1677 eingerichtet), die in der Zeit allgemeiner Nachahmung der italienischen Art nach dem Charakter einer deutschen Opernanstalt strebte.

73. Karl Philipp Emanuel Bach
(1713-1788)

Der „Hamburger Bach", Sohn des großen Thomaskantors, von 1767 an Nachfolger Telemanns als Kirchenmusikdirektor, bedeutender Organist. Hamburg, die hohe Schule des Orgelspiels; Vinzent Lübeck übte in der Nikolaikirche seine Kunst - und Begründer des Sonatenstils.

74. Barthold Heinricus Brockes (1680-1747)

Als Dichter (Bahnbrecher des englischen Deismus und der Aufklärung), weltgewandter Gelehrter (neben Reimarus, Jungius und Richey) und würdevoller Ratsherr der Stolz seiner Vaterstadt (nach H. Reincke, „Hamburg", 1925).

75. Friedrich v. Hagedorn
(1708-1754)

Vertreter des deutschen Anakreontik (Verherrlichung des Lebensgenusses) und des Rokoko in der Dichtung. Eine Vollnatur, in der sich, wie beim jungen Goethe, Kunst und Leben einten.

76. Friedrich Gottlieb Klopstock (1724-1803)

Der größte Lyriker seiner Zeit, bedeutete für unsere Stadt, wo er seine letzten 30 Jahre verbrachte, dasselbe, was Goethe für Weimar war; doch schöpferisch hat er das hiesige Geistesleben nicht mehr bereichert.

77. Johann Georg Büsch
(1728-1800)

Handelsschriftsteller und Volkswirtschaftslehrer (Lehre von den „Krisen" und der allgemeinen Bedeutung des Handels); Professor an der Gelehrtenschule des Johanneums (Voruniversität). Schöpfer einer für ganz Europa vorbildlichen Armenordnung.

78. Das alte Schauspielhaus am Gänsemarkt, 1827

An Stelle des alten Opernhauses (vgl. Nr 72) 1765 erbaut, wurde es der Nährboden für grundlegende Werte der dramatischen Kunst, nicht aber die von seinen Gründern erhoffte deutsche Nationalbühne.

79. Gotthold Ephraim Lessing (1729-1781)

Wurde als Kritiker im Dienste des Theaters hierher berufen, um das nationale Schauspiel zu begründen („Hamburgische Dramaturgie"; „Minna von Barnhelm", erste Aufführung), gab aber nach einigen Jahren das Bemühen als aussichtslos auf.

80. Friedrich Ludwig Schröder (1744-1816)

Den der befreundete Goethe im „Direktor Serlo" der „Lehrjahre" verewigt hat, erhob noch vor Schiller sein Theater zu einer moralischen Anstalt und ebnete den Werken Shakespeares sowie der Stürmer und Dränger die Bahn (nach H. Reincke, „Hamburg", 1925).

81. „Ansicht des freiherrlich Voigtschen Landhauses in Kleinflottbek"

Landsitz des Barons Caspar v. Voght, der („der erste Gentleman Hamburgs") die englische Gartenkunst (Jänischpark, Quellental), sowie den wissenschaftlichen Landbau einführte und eine großartige Armenpflege einrichtete („Der Vater der Armen").

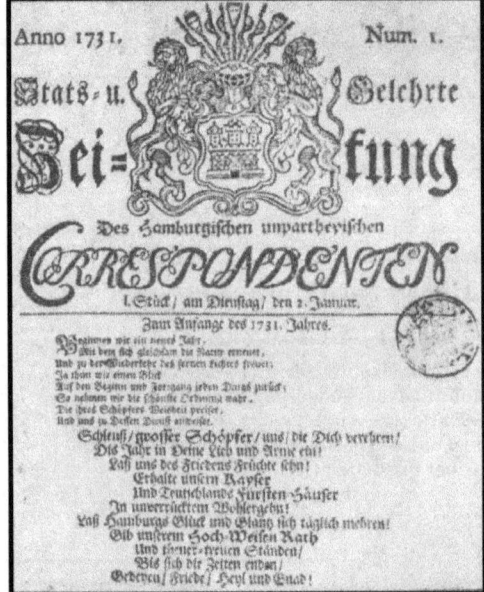

82. „Staats- und Gelehrte Zeitung des Hamburgischen Unpartheyischen Correspondenten", 1731

Zuerst als „Schiffbeker Posthorn" (1724), dann als „Holsteinischer Unpartheyischer Correspondent" erschienen, gewann unser Hamburger Correspondent damals die Stellung eines Weltblattes (mehr als die Times) und wurde von Friedrich d. Großen zeitweilig als „offiziöses Organ" benutzt.

VII. Rückfall infolge schwerer Heimsuchungen
(Franzosenzeit, der große Brand)

83. „Das Dammthor in Hamburg, von der Nordseite, 1800. Die Bürgerwache, morgens vom Walle abziehend"

Beispiel eines alten Stadttores; Hinweis auf die Volksbewaffnung, die in ihren verschiedenen Formen (Bürgerwache, Bürgergarde, Hanseatische Legion, Hamburger Kontingent und Bürgermilitär) die Stütze der hamburgischen „Souveränität" war.

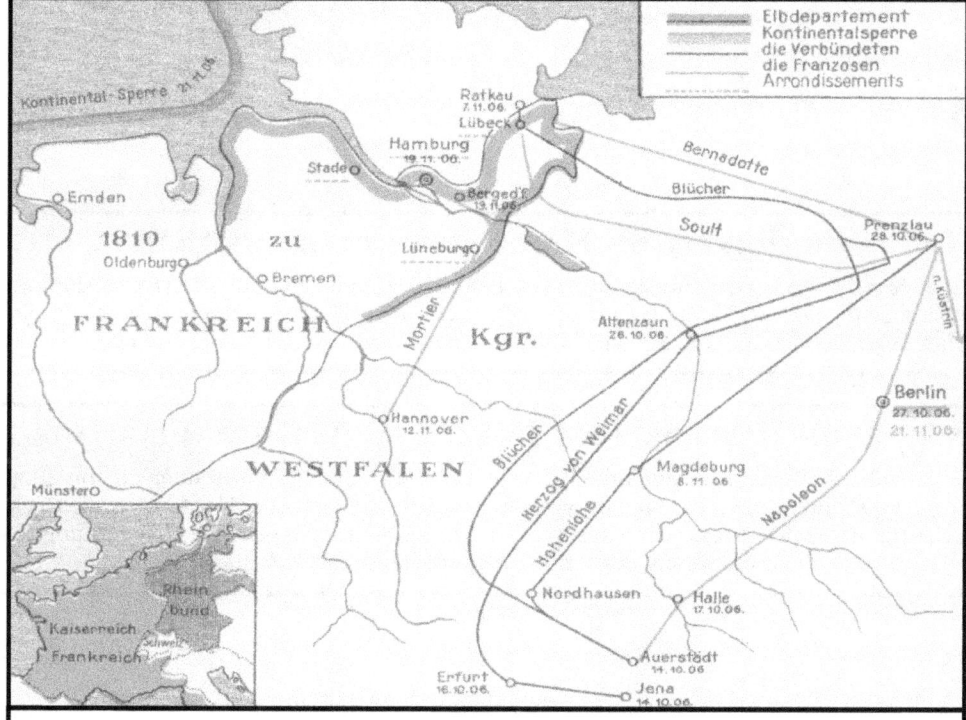

84. Die Kriegslage um Hamburg 1806-1810 (mit Nebenkarte: Europa 1812)

Die Befestigung Hamburgs: Eine notwendige Folge des deutschen Unglücks von 1806 sowie der napoleanischen Weltpläne.

85. „Im Januar 1814 von Davout vertriebene Hamburger finden Einlass in Altona"

(Aus Gründen räumlicher Anordnung vor Nr. 86 gebracht) Das Bild erinnert uns an eine der ergreifendsten Szenen aus der Franzosenzeit.

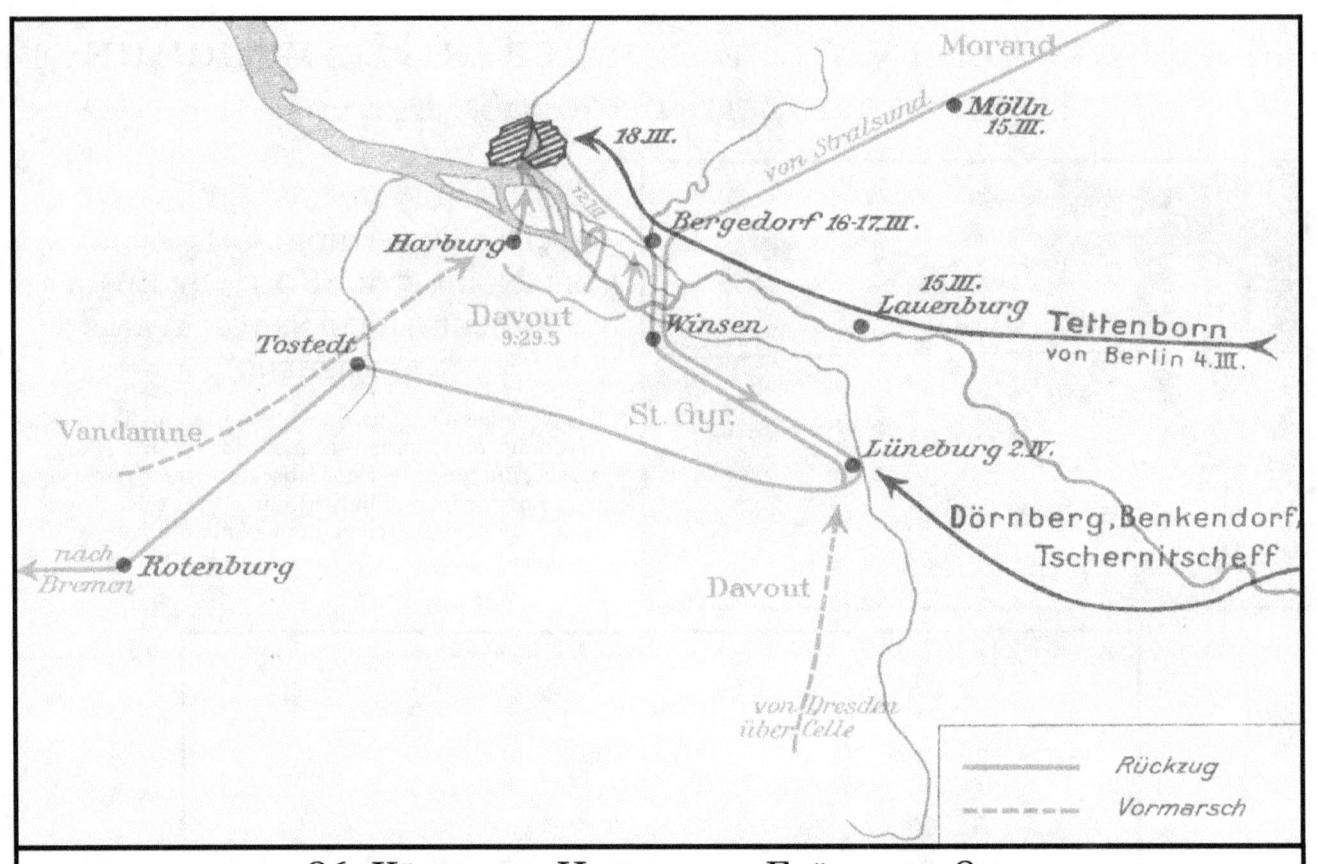

86. Kämpfe um Hamburg im Frühjahr 1813

Leichte russische Streitkräfte (später auch Preußen unter Dörnberg) zwingen Cara St. Cyr und Morand zum Abzug. Nach einem missglückten Vorstoß Morands (2. 4.) gewinnen Davout und Vandamme Ende April das linke, am 29.5. auch das rechte Elbufer (Nach „C. L. E. Zander, Geschichte des Krieges an der Niederelbe 1813", Lüneburg 1839).

87. Kämpfe um Hamburg vom Sommer 1813 bis zum Frühjahr 1814

I. Davouts Versuch, die Nordarmee von ihren rückwärtigen Verbindungen abzuschneiden, misslingt. Über 4 feste Stellungen (1-4) hinweg zieht er sich nach Hamburg zurück. II. Weder der Nordarmee, die stark durch die Dänen beschäftigt ist, noch der russischen Reservearmee unter Bennigsen gelingt es, die Festung zu nehmen. Davout räumt erst am 31.5.1814 die Stadt (nach Zander).

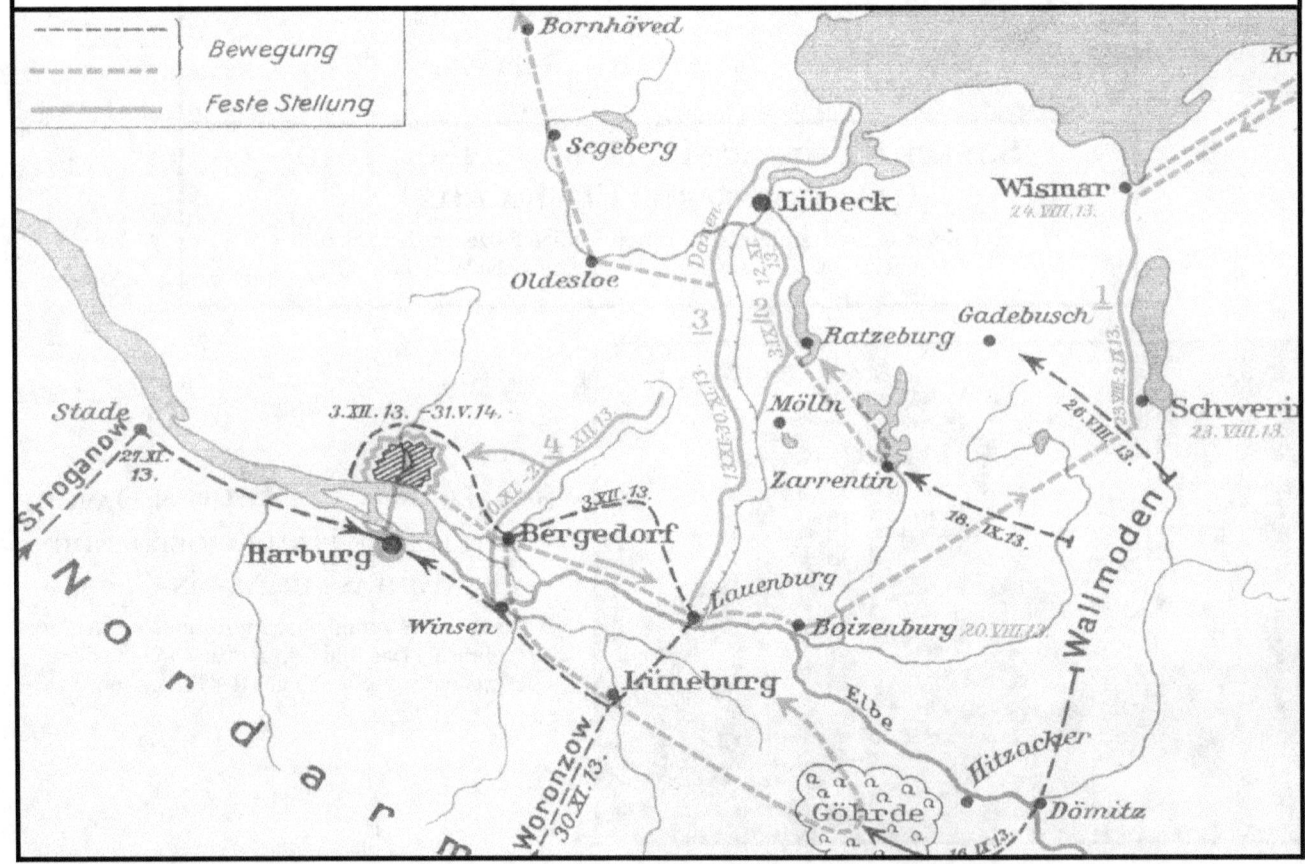

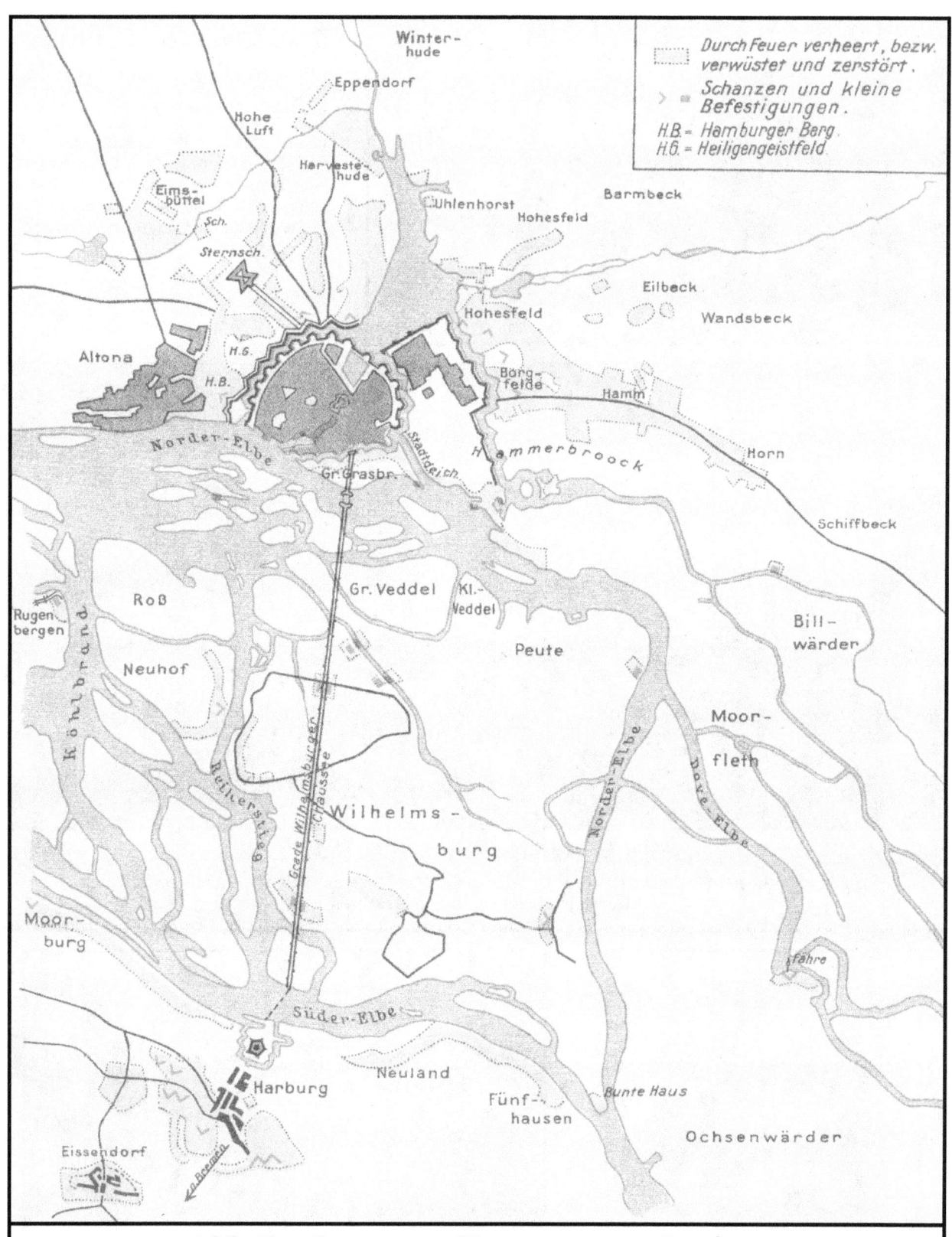

88. Die Spuren der Franzosenzeit 1813/14

Ein Trümmerfeld vor den Toren, Unrat in den Straßen und Kirchen, Verödung des Hafens, Vernichtung des Wohlstandes, des Handels und der blühenden Gewerbe des 18. Jahrhunderts (Zuckersiederei!).

89. „Prospekt der kaiserlich französischen Stadt Hamburg, vom Stintfang gesehen" (von der früheren Bastion Albertus), 1811

Beherrschend im Vordergrund die Kirche Ernst Georg Sonnins (1713-1794); zwischen den Türmen der Katharinen- und alten Nikolaikirche das Rathaus; am Hafen das schöne Baumhaus (Baumwall).

90. Lombardsbrücke um 1810
St. Jakobikirche mit Flachturm (1810-24); an Stelle der Mühle wurde später der Lombard errichtet. Biedermeierliche Stimmung (Trachten).

91. Mathias Claudius (1740-1815)
Der Sänger treuherziger Naturlieder (vgl. Joh. Heinr. Voß), der Herausgeber des „Wandsbeker Boten".

92. „Bey dem Jungfernstieg" um 1820
Ein Trachten- und Gesellschaftsbild aus der guten alten Zeit.

Kopenhagen
Odense
Korsör
Hadersleben
Apenrade
Flensburg
NORD-SEE
OST SEE
Schleswig
Husum
Tönning
Rendsburg
Kiel
Preetz
Burg
Heiligenhafen
Oldenburg
Stralsund
Rostock
Heide
Meldorf
Neumünster
Plön
Neustadt
Itzehoe
Bramstedt
Ritzebüttel
Ulzburg
Lübeck
Wismar
Oldesloe
Elmshorn
Ratzeburg
Gadebusch
Schwerin
Pinneberg
Ahrensburg
Stade
Altona
Trittau
Buxtehude
Hamburg
Harburg
Bergedorf
Lauenburg
Winsen
Boizenburg
Lüneburg
Oldenburg
Rotenburg
Delmenhorst
Bremen
Soltau
Visselhövede
Ülzen
Rethem
Nienburg
Celle
Gifhorn
Osnabrück
Hannover
Braunschweig
Magdeburg
Halberstadt
dänische Post nach Kopenhagen, Kiel, Wagrien, Dithmarschen.
die „Kaiserlich ordinäre" Post durch das Reich nach der Schweiz, nach Österreich und Ungarn.
die Kgl. Preußische Post nach den gesamten preußischen Ländern und nach dem Osten.
die Schweriner und die Kgl. Schwedische Post.
die Kgl. Großbritannisch-Hannoversche Post nach Ritzebüttel durch das Alte Land.
dieselbe nach Braunschweig und dem Harz sowie nach Magdeburg und dem Süden.
dieselbe, in Verbindung mit der „Bremer-Communion-Post", nach Bremen, Holland und Friesland.
dieselbe, in Verbindung mit der „Herzogl. Braunschweigischen Communion-Post" nach Braunschweig, Sachsen, Böhmen, Tirol und dem Süden.
dieselbe nach Frankreich und Holland.

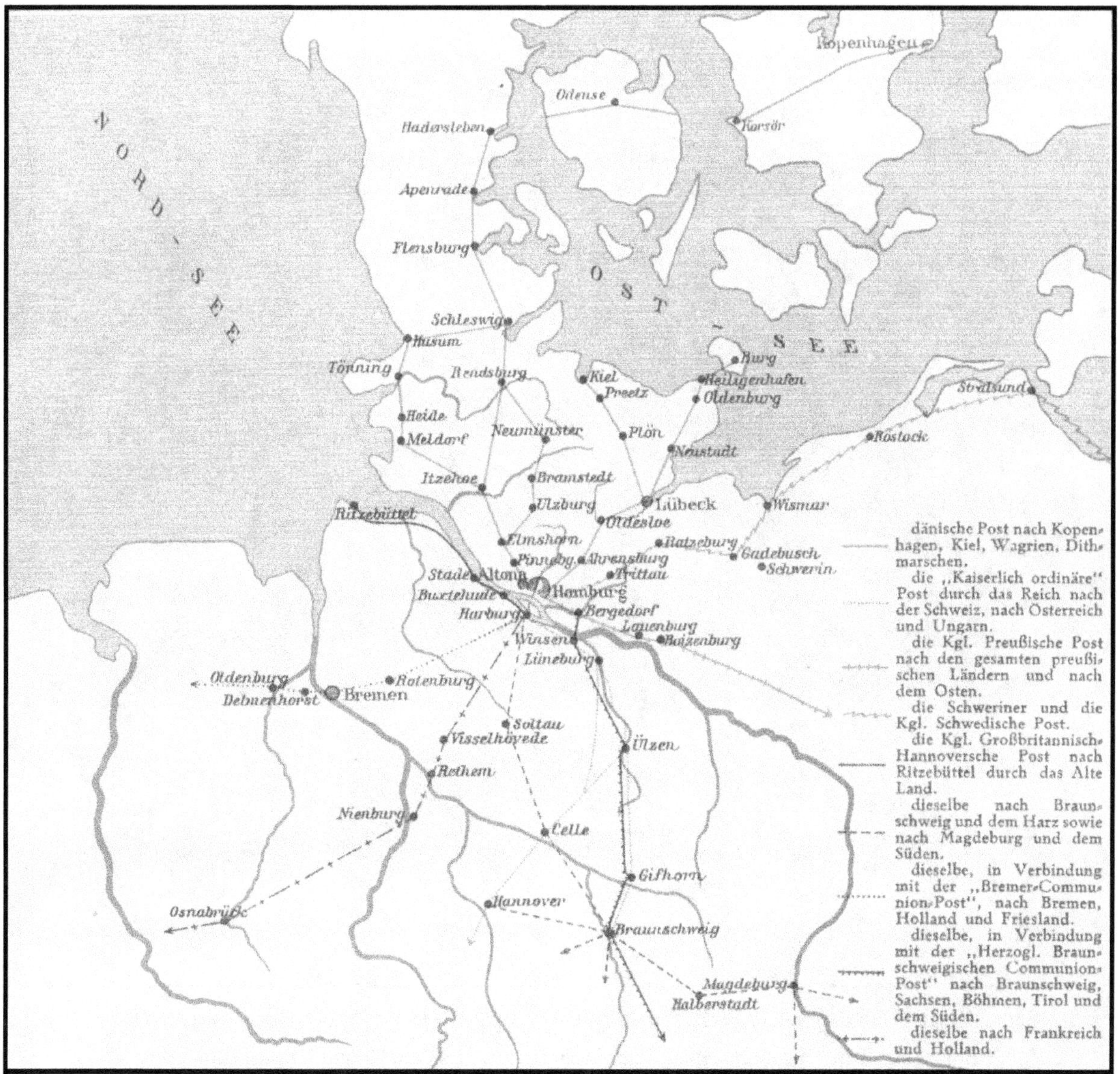

93. Der Postverkehr in der Biedermeierzeit (um 1825)

Der Postverkehr wird in der Biedermeierzeit von 22 fahrenden, 14 reitenden und 2 Fußposten besorgt (nach einer „Anzeige" in Ferdinand Stillers „Schleswig-Holsteinischer Gemeinnütziger Allmanach auf das Jahr 1825", Altona).

Leith 1837
Newcastle 1839
Hull 1828 (1841)
Goole 1834
Cuxhaven 1816
Hamburg
Harburg 1818
Amsterdam 1825
London 1825
Berlin 1817
Antwerpen 1839
New York 1850
Dünkirchen 1839
Le Havre 1835

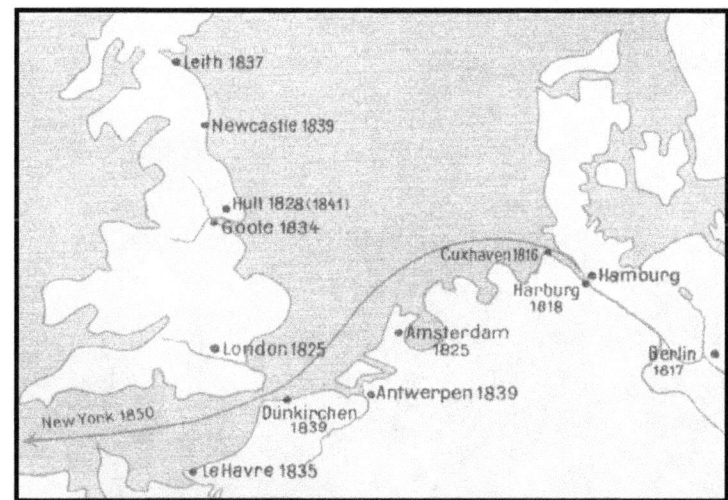

94. Die Anfänge der Hamburger Dampferreederei

Die Zahlen geben an, wann die bezeichneten Städte zuerst von einem aus Hamburg fahrenden Dampfer angelaufen wurden. Bis 1839 fuhren die Schiffe unter fremder Flagge. Als das erste deutsche Dampfschiff ging die „Hamburg" von Rob. M. Sloman Jr. nach Hull. 1850 schickte er den ersten deutschen Dampfer über den Ozean (nach O. Mathies, Hamburgs Reederei 1814-1914. Verlag von L. Friederichsen & Co., Hamburg 1924).

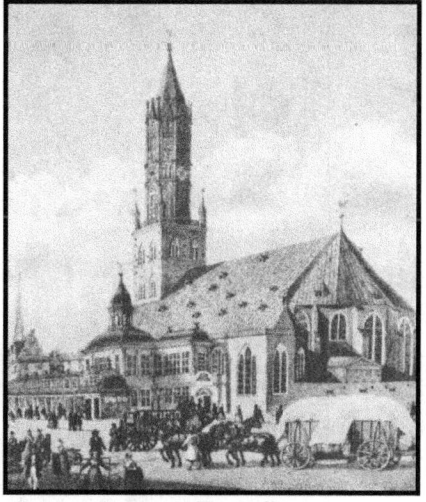

95. „Die St. Jakobikirche"

Zwar später (1849) aufgenommen, aber doch ein sprechender Ausdruck der Zeit zu Anfang des 19. Jahrhunderts, wo der Verkehr auf urväterliche Kutschen und schwerfällige Planwagen angewiesen war.

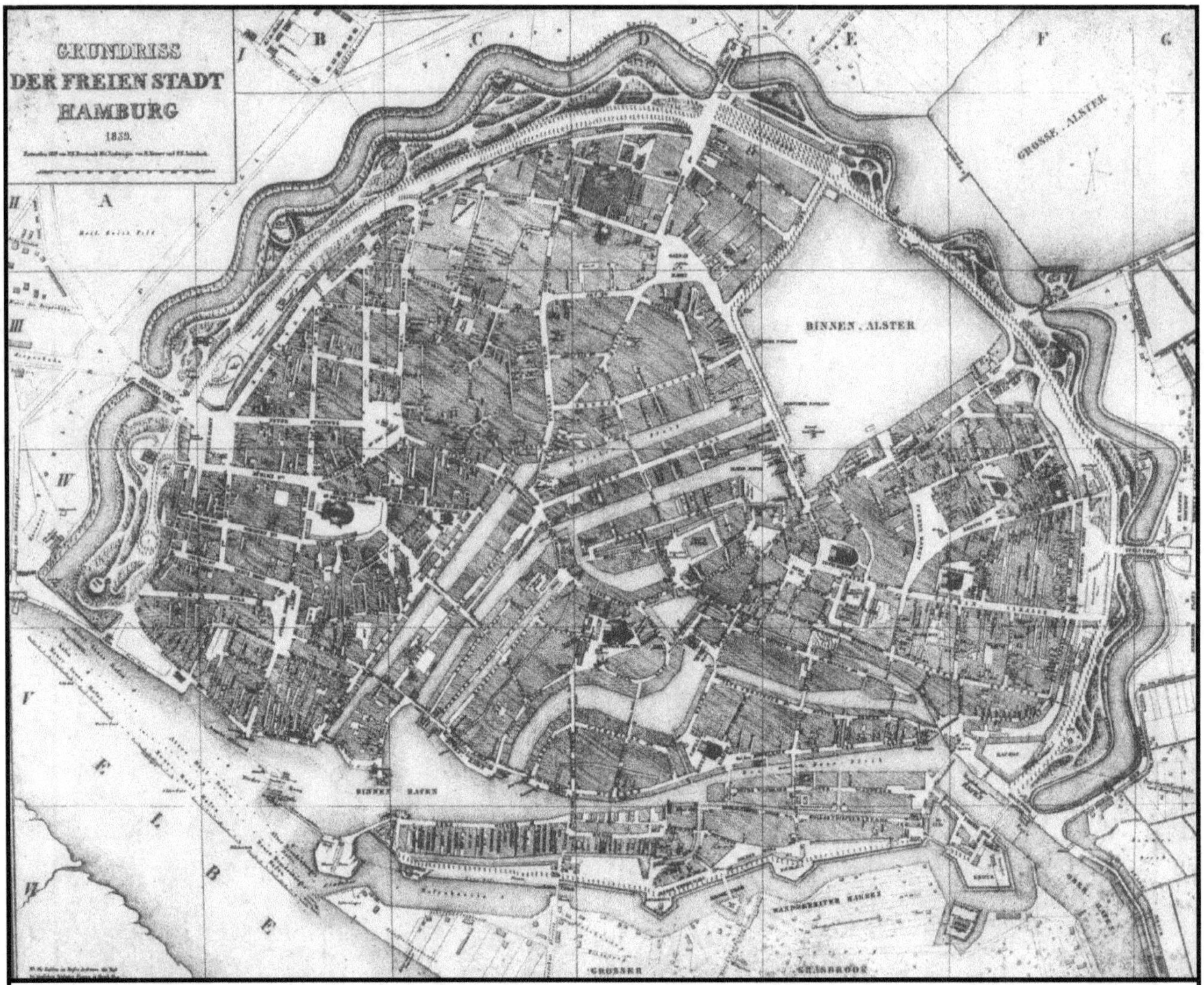

96. Grundriss der freien Stadt Hamburg 1839 (entworfen 1819)

Ein topographisch genauer Plan, in dem man die seit 1820 erfolgte Umwandlung des Festungsgürtels in Gartenanlagen sowie den Beginn des Beckenhafens (seit 1837) erkennt.

97. „Aussicht in die Stadt und den Binnenhafen mit feinem Treiben und Leben, vom Blockhause, am Eingang desselben"

Unser Hafen in der Zeit, wo ihn nur die malerischen Segelschiffe belebten (vgl. damit Nr. 90 und 92).

98. Der Heußhof in Eimsbüttel

1771 vom Gastwirt Heuß in der Nähe des Eimsbütteler Holzes errichtet, 1860 eingegangen. Beliebte Vergnügungsstätte, erinnert an das damals blühende Klubleben (Mondscheinklub). Vornehmste Tabagie der Emigranten.

99. „Reitende Diener als Garde des Senats bei feierlichen Angelegenheiten"

Die „Reitendiener", als Bruderschaft bereits im 14. Jahrhundert erwähnt, waren die Hüter der öffentlichen Sicherheit und Ordnung, in besonderen Fällen Ehrenwache des Senats. 1860 von den Konstablern abgelöst.

100. „Waisengrüns Prozession"

Schilderung der von 1663-1876 bestehenden Sitte, dass die Waisenkinder unter der Führung eines „Kapitäns" und einer „Kapitänin" milde Gaben sammelten. Später ein wahres Volksfest.

101. „Wir Drei"

Ein Hauptwerk der norddeutschen Romantik sowie der besonderen Kunst Philipp O. Runges (1777-1810), der mit dem schlichten Bildnis zugleich der großen Zeitstimmung (Werther-Stimmung) Ausdruck gab.

102. „Senator Prösch' Gartenhaus an der Alster"

An der Stelle, wo heute der „Alte Rabe" steht; Muster eines halb ländlichen vornehmen Hauses im klassizistischen Stil (vgl. die schönen Häuser in der Esplanade).

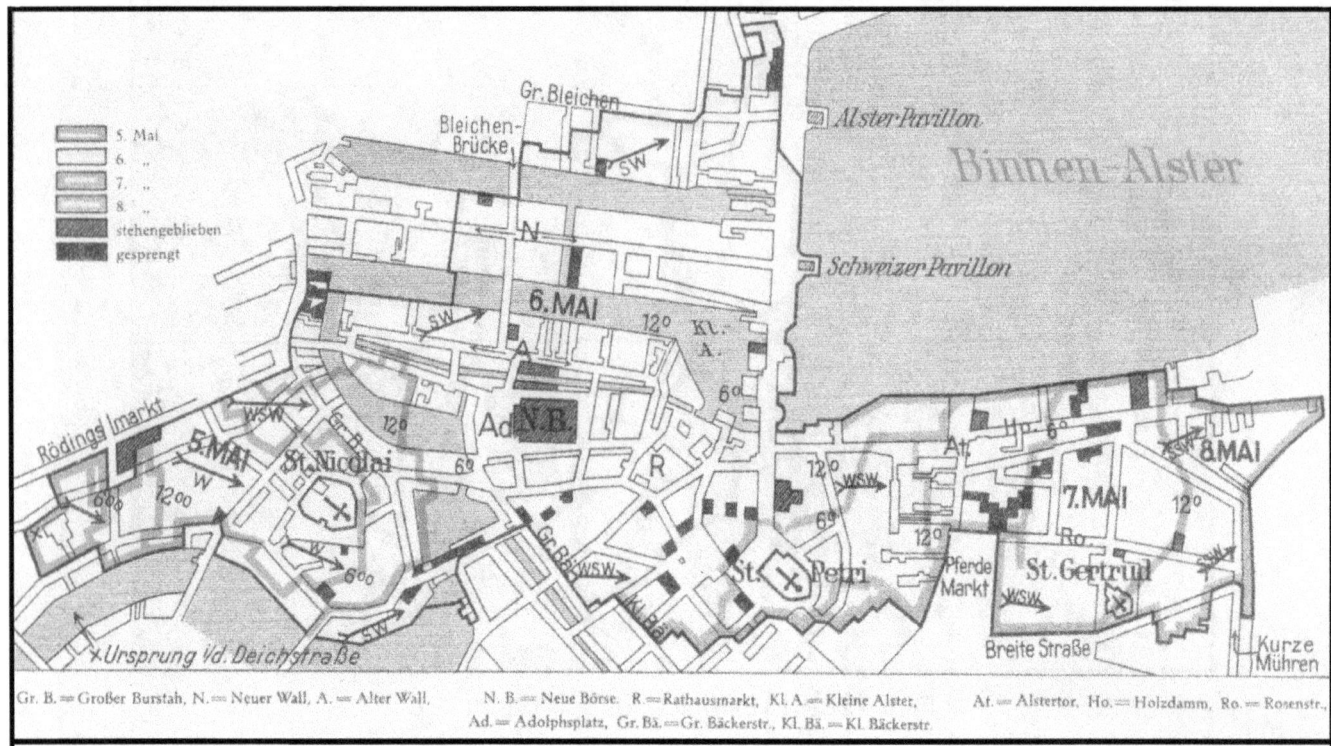

103. Plan des Hamburger Brandes vom 5. bis 8. Mai 1842
Mit Bezeichnung des Feuers von 6 zu 6 Stunden und des Windes.

104. "Panorama von Hamburg, vom St. Catharinenturme, Totalansicht der Ruinen nach dem Brande"
Links die Ruine der Nikolauskirche, rechts die des Petriturms. Zwischen beiden die neue Börse. Im übrigen vergleiche den Plan Nr. 103. Vernichtet: 4219 Wohnungen, 2 Kirchen und viele Baudenkmäler.

105. Der Rödingsmarkt von der Seite des Burstah, 1846

Ein Beispiel des geistlosen Stils, in dem Hamburg wieder aufgebaut wurde. Der südliche Teil, der nicht gelitten hat, zeigt noch das alte Trachtenbild; der nördliche Teil des Fletes ist zugeschüttet.

106. Gottfried Sempers Entwurf zur Nikolaikirche

Beispiel einer verpassten Gelegenheit, den Wiederaufbau bedeutend zu gestalten. Der zur Ausführung gelangte Plan kam der damaligen Begeisterung für die Gotik entgegen (Romantik).

107. Die gesamten Veränderungen des Stadtkernes im 19. Jahrhundert

Die eigentliche Stadt macht seit der Mitte des vorigen Jahrhunderts grundstürzende Wandlungen durch wie kaum eine zweite der Erde in diesem Maße.

VIII. Wiedererstarken an grossen neuen Aufgaben
(Zollanschluss, Sanierung, Verfassung, geistige Bestrebungen)

108. Alter Wandrahm

Errichtet 1621 von den Bankiers und Goldschmieden Hans und Jakob Mores („Das Mortzenhaus"): bis 1886 das „Merck- und Goßlersche Haus". Gegenüber eine geschlossene Flucht von Barockhäusern.

109. Holländischer Brook, Wandbereiter Brook, 1884

Malerisches Straßenbild. Doppelte Straße mit dazwischen liegendem Fleet; Haspelwinden. Wie Nr. 108 ein Stück des schönen Hafenviertels, das dem Zollanschluss zum Opfer fiel.

110. Hof in der Springeltwiete

Herd der Choleraepidemie von 1892, Beispiel für die gesundheitswidrigen Wohnstätten, deren Beseitigung zu dem großen Sanierungswerk führte (vgl. Nr. 147).

111. Das alte Rauhe Haus in Horn

„Ruges Haus", die bäurische Rate, in der Joh. Heinr. Wichern 1833 das erste deutsche Rettungsheim für verwahrloste Kinder einrichtete, woraus später die vielverzweigte Erziehungs- und Bildungsanstalt „Wichern-Stiftung" erwuchs.

112. Abbruchsgebiet Mönckebergstraße und Steinstraße

Ein Bild gewaltsamen städtebaulichen Übergangs. Durch den ältesten Stadtteil bricht sich die modernste Handelsstraße Bahn, da eine kurze Verbindung zwischen Rathausmarkt und Hauptbahnhof nötig wurde.

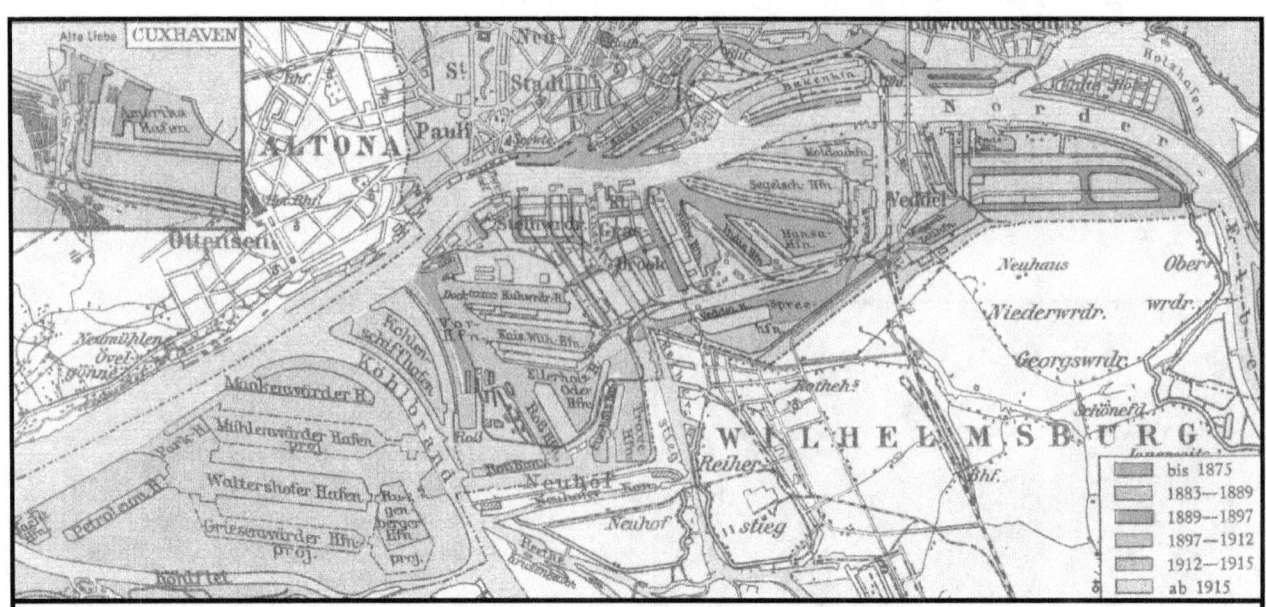

113. Der neuzeitliche Ausbau des Hafens

Die Entwicklung ist nach den Bauaufgaben dargestellt, wie sie von den folgenden Baudirektoren durchgeführt werden: bis 1875: Dalmann lehnt sich noch an die Stadt an; 1883-1889: Nehls führt die Bauten zum Zollanschluß aus und greift nach O.: 1889-1897: Nehls baut nach S. weiter; 1897-1912: Buchheister (1897-1903) und Bubendey (1903-1912) nach SW.; 1912-1915: Bubendey nimmt die entscheidende Verlegung nach W. vor; ab 1915 Wendemuth.

114. Senator Dr. Gustav Heinrich Kirchenpauer
(1808-1887)

Ein Hauptführer in den Verfassungskämpfen von 1848-1860; der zäheste Vertreter des „autonomen" Hamburgertums (Freiheit des Staates und der Wirtschaft), selbstbewußter Gegner Bismarcks in den Verhandlungen von 1866-1867.

115. Senator Dr. Karl Friedrich Petersen
(1809-1892)

Der durch Verhandlungsgabe ausgezeichnete Führer der „Patrioten" (des patriotischen Vereins), d.h. der gemäßigt liberalen Vertreter des Handels, rettete in der Schicksalsstunde (25. und 26. Juni) des Jahres 1866 Hamburg vor der preußischen Einverleibung. Förderer der Wohlfahrtspflege (Musterkrankenhaus Eppendorf).

116. Das neue Rathaus, erbaut 1886-1897 von 7 (anfangs 9) Architekten

Das Haus der Regierung, auf den Gedanken machtvoller „Repräsentation" eingestellt, daher vorwiegend im Geschmack der (deutschen) Renaissance; der schlanke Turm = Zeichen städtischer Freiheit; der Verbindungsbau zur Börse als italienische Palastarchitektur gestaltet. Im ganzen ein echter Ausdruck jener Zeit mangelnden eigenen Stils.

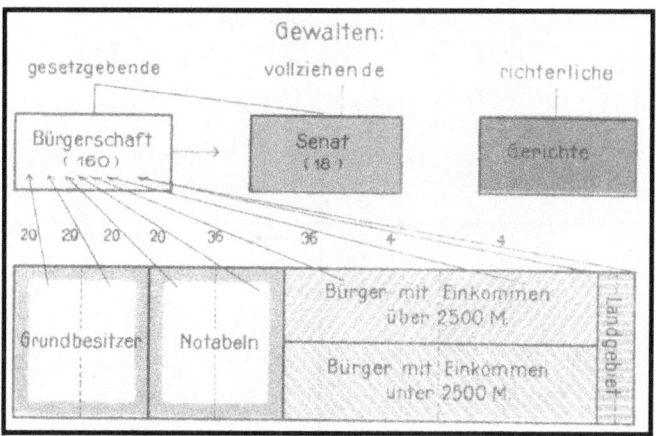

117. Die Verfassung von 1860, revidiert 1879 und 1906

Dritte Stufe im Verfassungskampf: Die Bürgerschaft wird gewählt: Ergebnis der Bestrebungen von 1814, 1842 und 1848.

118. Alfred Lichtwark
(1842-1914)

Organisator unserer Kunsthalle, unser größter Kunsterzieher und Kulturlehrer (-politiker).

119. Justus Brinckmann
(1843-1915)

Der Schöpfer unseres Museums für Kunst und Gewerbe; Wiedererwecker des heimischen Kunstgewerbes, Erzieher zu volkskundlichem Schauen.

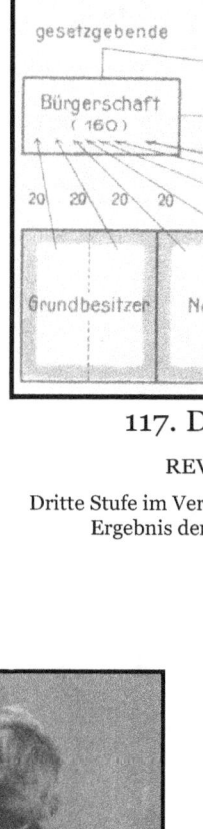

120. Johannes Brahms
(1833-1897)

Von seiner Vaterstadt verkannt (erst 1889 zum Ehrenbürger ernannt), meist in Wien lebend, vielleicht der größte Tondichter niederdeutscher Gemütstiefe („Wiegenlied", „Feldeinsamkeit"); der Schöpfer des ersten deutschen Requiems.

IX. Auf der Höhe der Weltstellung

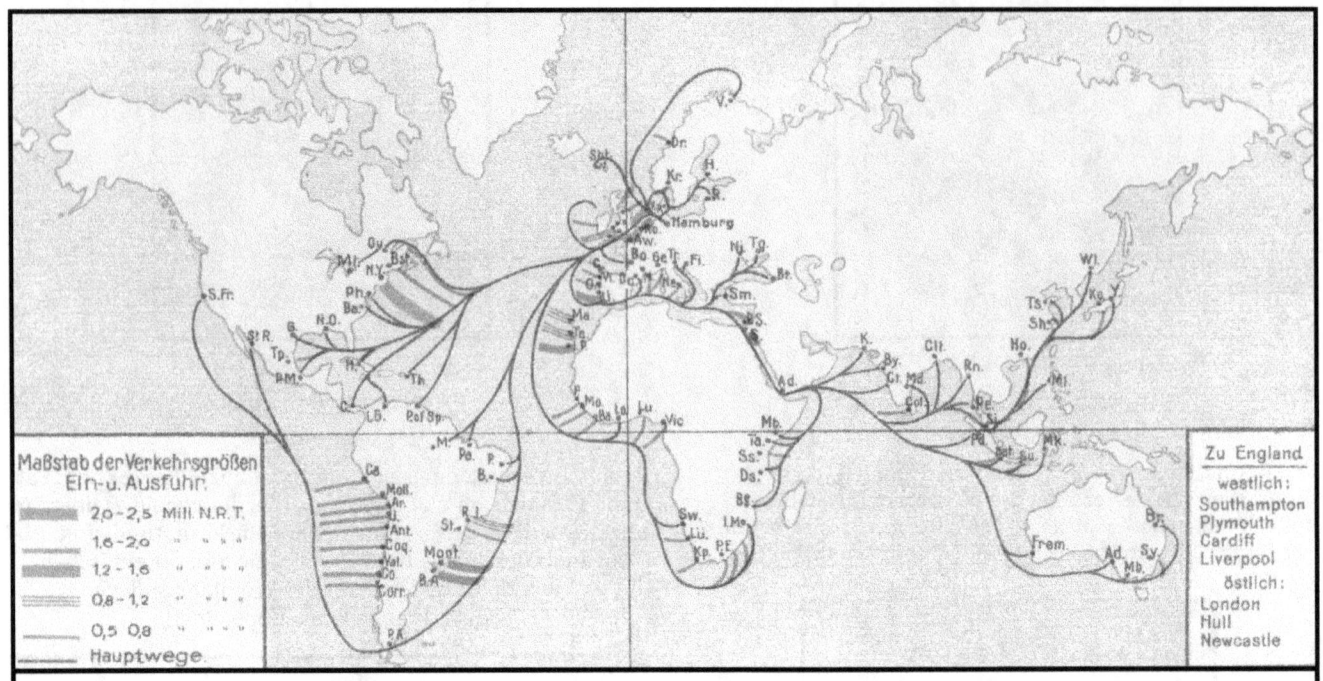

121. „Mein Feld ist die Welt"

Die Verkehrsbeziehungen Hamburgs zur See zu den wichtigsten Häfen der Erde im Jahre 1913.
„Von dem Weltverkehrszentrum Hamburg aus wirken die mannigfachsten Anziehungskräfte auf die Bewegung der in den fernsten Weltgegenden erzeugten Güter." (aus Baurat W. Bötticher Aufsatz „Hamburgs Bedeutung" in „Hamburg", Dari-Verlag).

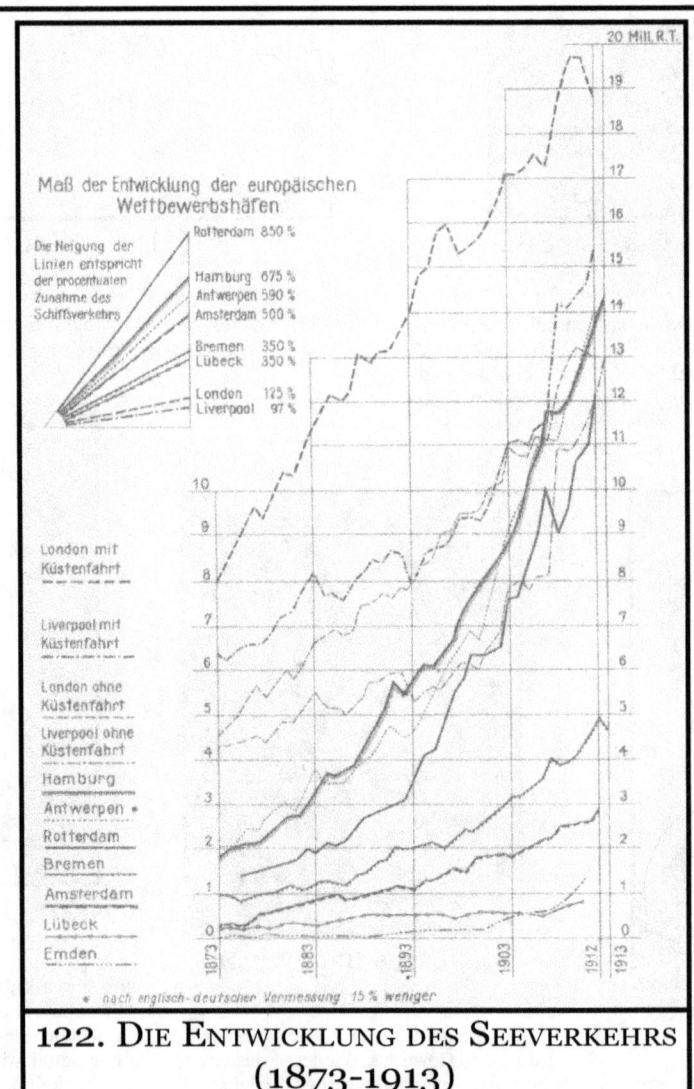

122. Die Entwicklung des Seeverkehrs (1873-1913)

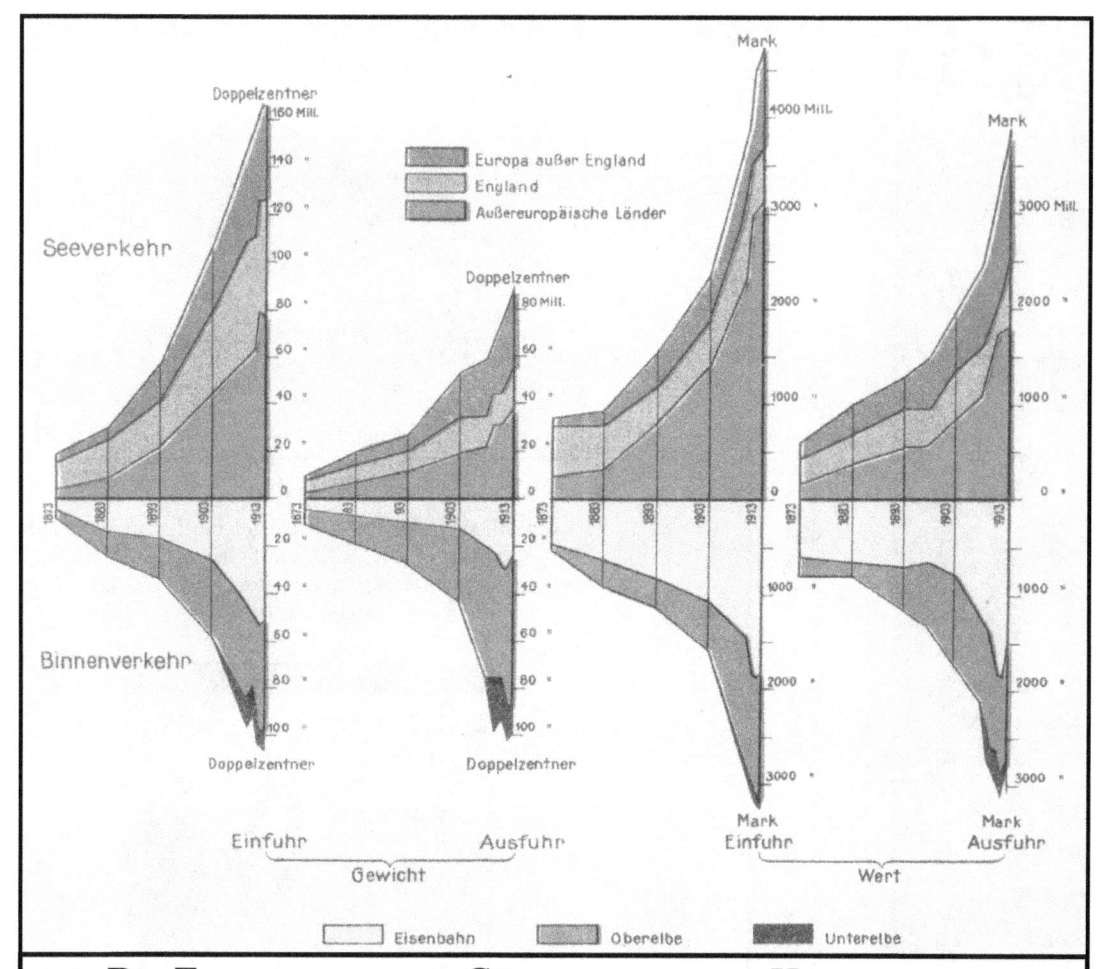

123. Die Entwicklung des Güterverkehrs in Hamburg (1873-1913)

124. Hafen beim Grasbrook

Die Eigenschönheit und der
Stimmungsreiz des Welthafens.

125. Kuhwärder Hafen 1909

Die Fülle, der Betrieb und das
Gepräge des Umschlaghafens.

126. Die Musikhalle am Holstenplatz

1903-1908 von den Rathausarchitekten M. Haller und E. Meerwein erbaut, eine Stiftung des Reeders Carl Heinr. Laeisz für die Aufführung klassischer Musik. Im Mittelraum das Brahms-Standbild von Max Klinger. Barocknachahmung.

127. Die Universität

Stiftung des Kaufmanns Edmund Siemers, von den Architekten Distel und Grubitz 1908-1911 erbaut. Die Krönung der Entwicklung: 1613 bis 1883 das akademische Gymnasium - 1838 bis 1908 das Vorlesungswesen - 1908 bis 1919 das Kolonialinstitut; Universitätskurse.

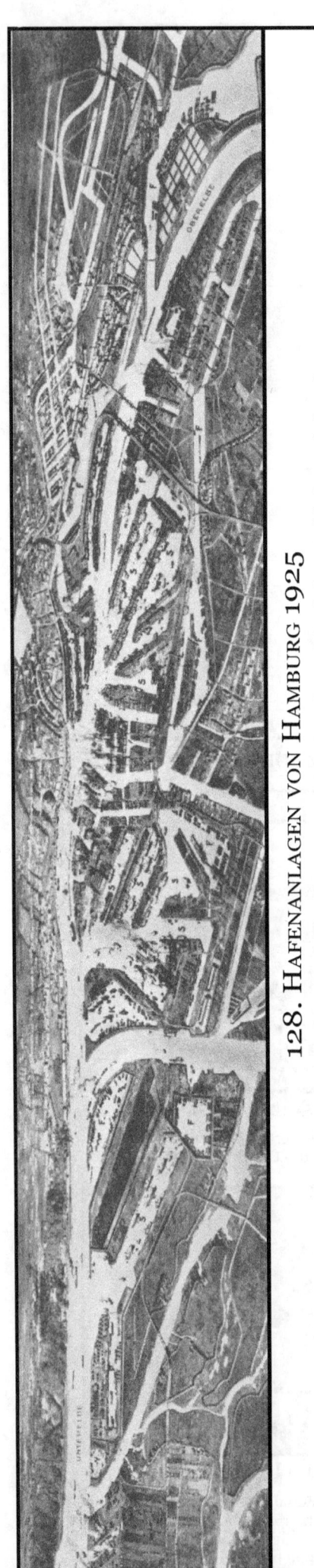

128. Hafenanlagen von Hamburg 1925

Das Bild unseres Welthafens, auch schon die neuen Anlagen aus der Zeit nach dem Weltkriege erhaltend. Gesamtfläche: 40 km² ; 26 Seeschiffhäfen und 19 Flußschiffhäfen, außerdem viele Werften und Industrieanlagen.

129. Fünfmastbark „Potosi"

Unser volkstümlichstes Großsegelschiff, von F. Laeisz 1895 gebaut (3854 N. R. T.), auf Grund des Versailler Vertrags den Chilenen ausgeliefert, 1925 infolge eines auf See ausgebrochenen Brandes versenkt.

130. Adolph Woermann

Vorbild des selbständigen „königlichen Kaufmanns" aus der Blütezeit deutscher Handelsmacht; Schöpfer der größten deutschen Kolonialreederei (Woermann-Linie mit Deutsch-Ostafrikalinie).

131. Dampfer „Vaterland"

Von der Hapag auf der größten Hamburger Werft von Blohm & Voß 1914 gebaut, mit 53 500 Br. R. T. das größte deutsche Schiff, zugleich ein Denkmal Albert Ballins, der durch Bau von Rekordschiffen und Überlegenheit am internationalen Verhandlungstisch seiner Gesellschaft den Weltvorrang verschaffte.

X. Vorzeichen der künftigen Entwicklung

132. Die Alsterkanalisierung

Der Anfang zur Entstehung der neuzeitlichen Gartenstadt an der Oberalster, woran sich im O. (an der Ohlsdorfer Hochbahnstrecke; Verbindung mit dem Stadtpark) das Ausstellungsgelände anschließen wird.

133. Mietskasernenreihen früherer Art

Muster jener herz- und gedankenlosen Art, in der man zur Zeit unseres großen Industrieaufstieges die Massen der „kleinen Leute" unterbrachte.

134. Arbeitersiedlung der Deutschen Werft in Finkenwärder

Hier ist bereits die soziale Verpflichtung des Unternehmers zu gesunder und behaglicher Ansiedlung seiner Arbeiter (Arbeiterheimstätten) aufgenommen.

135. Das Chile- und das Ballinhaus

Dieses von H. und O. Gerson, jenes von Fritz Höger während der Inflationszeit erbaut; Denkmäler unbeugsamen Aufbauwillens, Muster unseres Hochbaustils, der amerikanische Zweckmäßigkeit mit deutschem Schmucksinn eint.

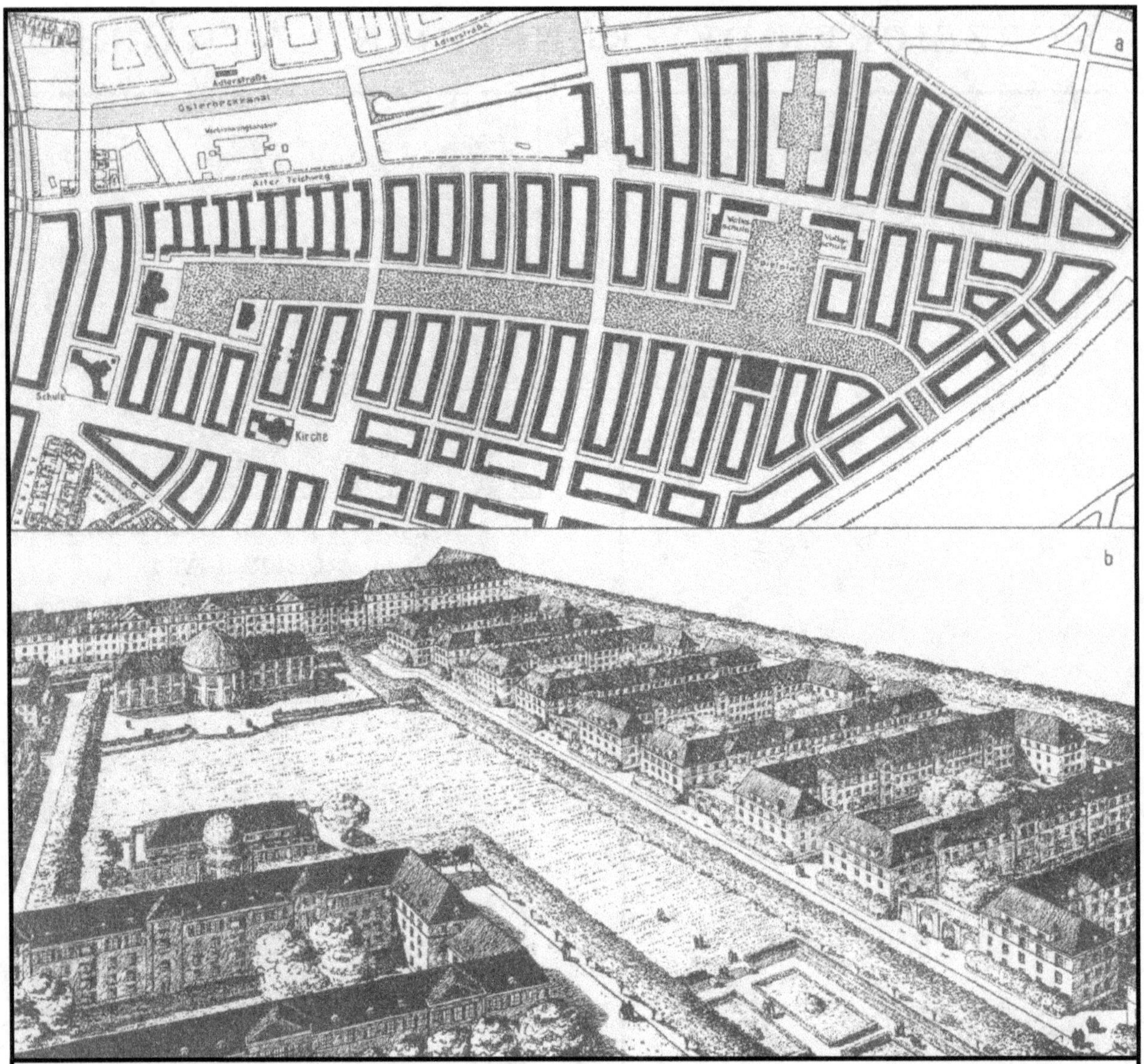

136. Die Kleinwohnungssiedlungen auf dem Dulsberggelände
a) Plan   b) Bild aus der Fliegerschau

Auflösung der Mietskasernenreihen in freistehende Blöcke, von denen jeder der Straße die Schulter zukehrt und sein Gesicht dem Garten im Blockinnern. Gewinn an Luft und Licht!

137. Haus Wittenbergen bei Rissen, erb. 1922 von Architekt C. G. Bensel

Ein vornehmes Landhaus jüngster Richtung („Strukturbau"), die, von jedem Anklang an geschichtliche Stile frei, nur Zweckmäßigkeit (Behaglichkeit, örtliche Anpassung) will.

138. Das umgebaute Postgebäude am Hauptbahnhof (Bahnpostamt am Hühnerposten), erb. 1925–1926

Zeigt, wie überlebte Formen aus der Zeit der Gotik-Nachahmung (vgl. Nikolaikirche) zur Gestaltung eines Hochbaues ausgenutzt werden können; zugleich Beispiel eines Staatsbaues (Oberpostdirektion) als Wolkenkratzer (8 Geschosse).

139. GROSSKRAFTWERK TIEFSTACK DER HAMBURGISCHEN ELEKTRIZITÄTSWERKE, ERB. 1914-1924 (ARCHITEKT HEROLD H. L. W.)

Ein reines Muster jener Bauschönheit, die lediglich aus der Erfüllung industrieller Zweckmäßigkeit hervorgeht.

140. MUSEUM FÜR HAMBURGISCHE GESCHICHTE, ERB. V. OBERBAUDIREKTOR FR. SCHUMACHER, VOLLENDET 1922, AUF DEM PLATZ DER ALTEN STERNWARTE

Eine Verbindung von neuzeitlichem Magazinbau mit geschichtlicher Raumgestaltung (Diele, Zunftsaal und dgl.), auch von neuzeitlicher Formkunst (Anppassung an Platz und Landschaft) mit Wahrung des bodenständigen Stilgeschmacks.

141. VOLKSSCHULE AHRENSBURGERSTRASSE, ERB. V. OBERBAUDIREKTOR FR. SCHUMACHER, VOLLENDET 1922

Eine von den vielen glücklichen Lösungen, die der Leiter unseres Hochbauwesens gefunden hat, um das Antlitz der Schule mit den einfachsten Mitteln (Platzfüllung, Maße und Linien) reizvoll zu machen.

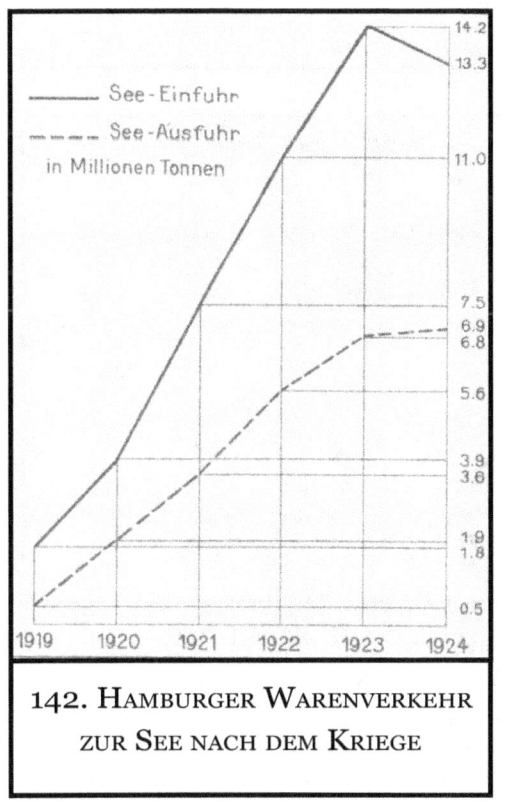

142. HAMBURGER WARENVERKEHR ZUR SEE NACH DEM KRIEGE

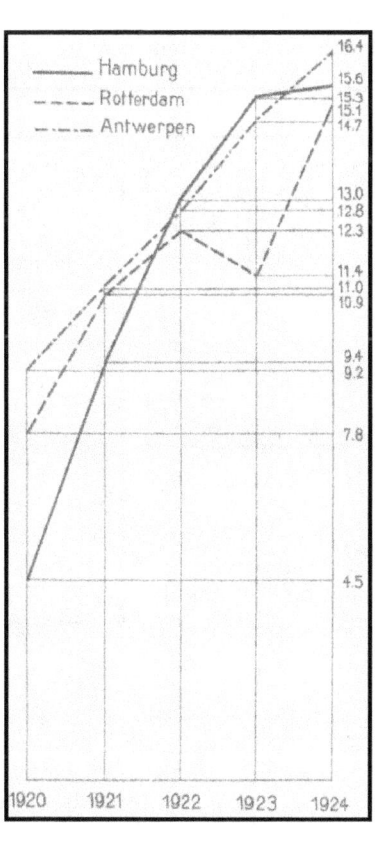

142. DER SEEVERKEHR IN HAMBURG NACH DEM KRIEGE

Verglichen mit Rotterdam und Antwerpen (Netto = Registertonnen der angekommenen Seeschiffe in Millionen).

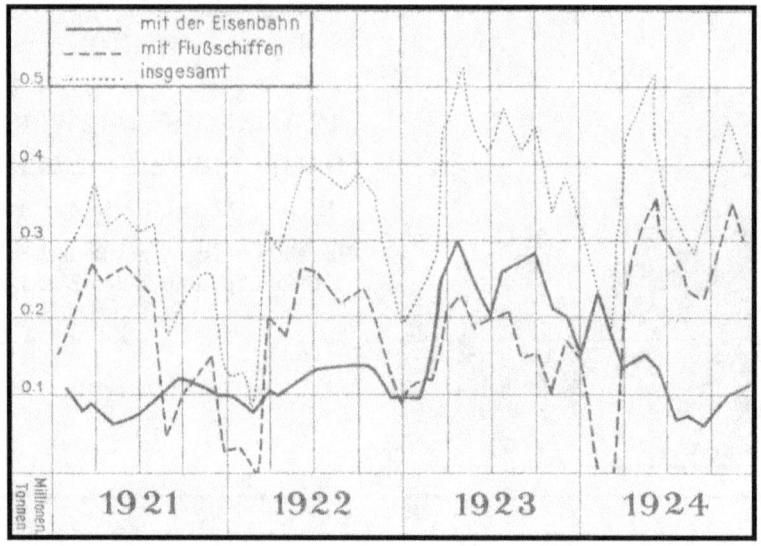

144. Der Warenversand des Hamburger Hafens ins Hinterland nach dem Kriege

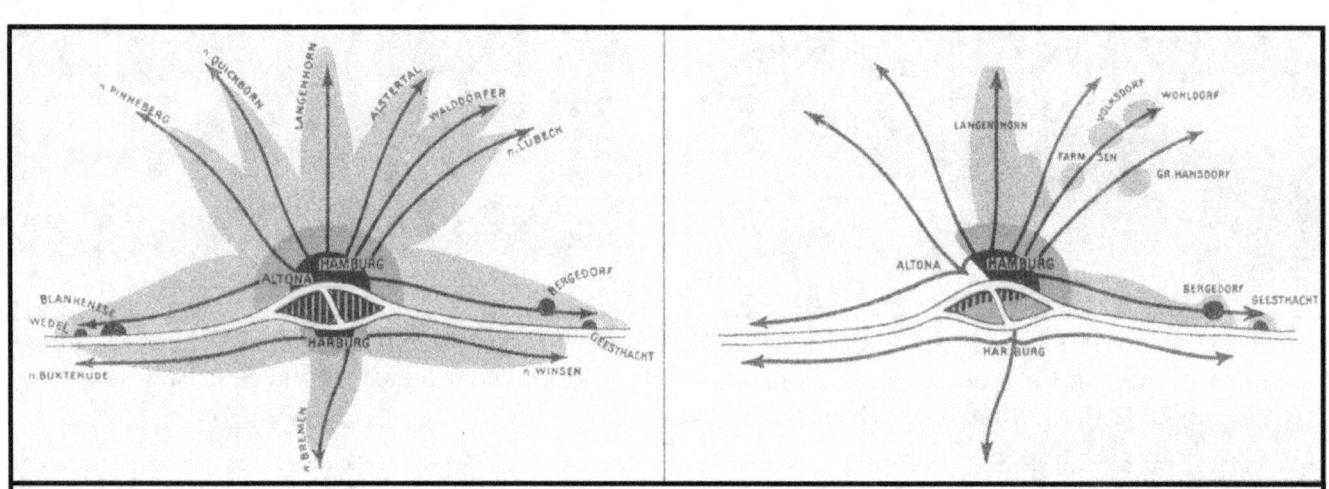

145. Schema der wirklichen und der natürlichen Entwicklung Hamburgs
(nach Prof. Schumachers Zeichnung in der Denkschrift des Hamburger Senats über die Groß-Hamburg-Frage)

Um im Wettbewerb mit den großen Nordseestädten zu bestehen, muss Hamburg dafür Raum bekommen: 1. seine Hafenanlagen auszubauen, 2. seine Hafenindustrie zu entwickeln und 3. die Arbeiter anzusiedeln.

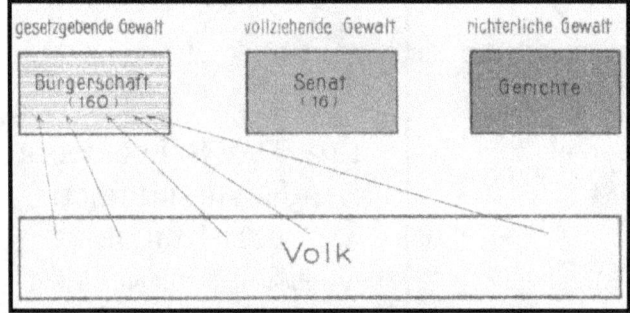

146. Die Verfassung vom 7. Januar 1921

Vierte Stufe im Verfassungskampf: „Die Staatsgewalt geht vom Volke aus." (I, Urt. 2 der Verfassung der freien und Hansestadt Hamburg).

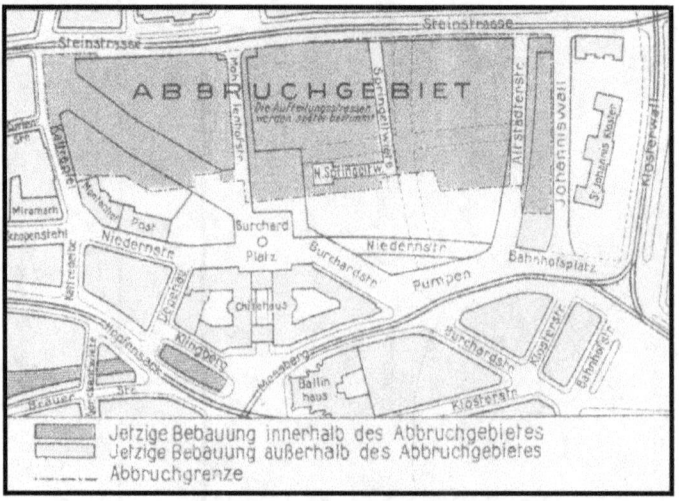

147. Die Sanierung der südlichen Altstadt

Plan vom November 1925. Ausführung der schon für 1914 geplanten Sanierung, aber mit Bedacht auf den Straßengroßverkehr; zugleich Beispiel einer produktiven Erwerbslosenfürsorge.

www.ingramcontent.com/pod-product-compliance
Lightning Source LLC
Chambersburg PA
CBHW081437300426
44108CB00017BA/2391